AF495033

ÉMILE BERTAUX

Rome

DE L'AVÈNEMENT DE JULES II
A NOS JOURS

H. LAURENS, Éditeu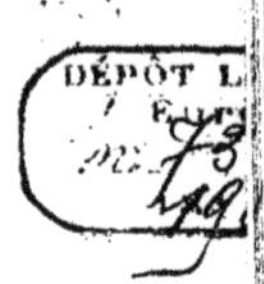

ROME

De l'avènement de Jules II à nos jours

MÊME COLLECTION

Bruges et Ypres, par Henri Hymans, 116 gravures.

Constantinople, par H. Barth, 103 gravures.

Cordoue et Grenade, par Ch.-Eug. Schmidt, 97 gravures.

Gand et Tournai, par Henri Hymans, 120 gravures.

Moscou, par Louis Leger, de l'Institut, 86 gravures.

Nîmes, Arles, Orange, par Roger Peyre, 85 gravures.

Paris, par Georges Riat, 144 gravures.

Ravenne, par Charles Diehl, 130 gravures.

Rome (L'Antiquité), par Émile Bertaux, 135 gravures.

Rome (De l'ère des catacombes à l'avènement de Jules II), par Émile Bertaux.

Rome (De l'avènement de Jules II à nos jours), par Émile Bertaux.

Rouen, par Camille Enlart, 108 gravures.

Séville, par Ch.-Eug. Schmidt, 111 gravures.

Strasbourg, par H. Welschinger.

Venise, par Pierre Gusman, 130 gravures.

Versailles, par André Pératé, 130 gravures.

EN PRÉPARATION :

Florence, par Charles Diehl.

Nuremberg, par G. Rée.

Pompéi, par H. Thédenat, de l'Institut.

Sienne, par André Pératé.

Tours et les Châteaux de Touraine, par Paul Vitry.

Toulouse et Carcassonne. par H. Graillot.

ROME

De l'avènement de Jules II à nos jours

PAR

ÉMILE BERTAUX

DOCTEUR ÈS LETTRES
MAITRE DE CONFÉRENCES A LA FACULTÉ DES LETTRES DE LYON

Ouvrage orné de 100 Gravures

PARIS

LIBRAIRIE RENOUARD, H. LAURENS, ÉDITEUR
6, RUE DE TOURNON, 6

1905

ROME

CHAPITRE PREMIER

LES GRANDS PROJETS DE JULES II

Fig. 1. — Jules II en 1506. Médaille
de Caradosso.

Le 1ᵉʳ novembre de l'année 1503, le cardinal Giuliano della Rovere fut proclamé pape sous le nom de Jules II. Le nouveau pontife avait soixante ans. La médaille fondue par l'orfèvre Caradosso, trois ans après le couronnement du pape, laisse à peine reconnaître le visage osseux et l'air morose du cardinal de trente ans que Melozzo de Forli avait peint debout près du trône de Sixte IV [1]. Le front s'est relevé, la face a pris une ampleur majestueuse ; le menton carré s'appuie sur un cou massif ; entre la joue plus large et le sourcil plus épais, l'œil s'est enfoncé. Les témoignages des contemporains colorent et animent le profil de la médaille. Jules II, à son avénement, avait les cheveux blancs, mais le visage était vermeil et le regard caché dans une ombre menaçante jaillissait avec des flammes de jeunesse.

Le jour où la tiare se posa sur cette tête, tous les hommes clairvoyants, cardinaux, diplomates florentins, ambassadeurs vénitiens, comprirent qu'un dominateur s'élevait sur l'Italie et sur le siècle. Dans la longue attente du pontificat dont il avait été frustré par l'élection d'Alexandre VI, l'homme prédestiné avait tendu les ressorts de l'énergie indomptable avec laquelle il allait poursuivre de gigantesques entreprises.

[1] Voir le volume précédent, p. 128, fig. 73.

III.

1

Depuis Sixte IV, les papes avaient travaillé à agrandir leur domaine souverain : mais c'était pour créer des apanages à leur famille. Alexandre VI taillait en Italie un véritable royaume pour son fils César. Ce qu'avaient pris les Borgia, Jules II le conquit à l'Église. Il n'enrichit point les siens, mais il fit de la Papauté la première puissance d'Italie, celle qui, adversaire ou alliée, pouvait traiter d'égal à égal avec le roi de France ou l'empereur d'Allemagne. Au delà des papes d'Avignon, Jules II revenait aux ambitions qu'avaient soutenues les grands papes du moyen âge.

Cependant le pontife belliqueux qui ramena la Papauté aux temps glorieux d'Innocent III avait le goût et les aspirations d'un pape de la Renaissance. L'art fut pour lui la consécration nécessaire des vastes desseins et des travaux dignes de mémoire. Il reprit à son compte les œuvres des papes du XV⁰ siècle qui avaient confié aux artistes le soin de perpétuer leur nom. Il fit revêtir son appartement de fresques, comme Alexandre VI avait fait pour le sien. Les parois de la chapelle bâtie par son oncle Sixte IV étaient couvertes d'un peuple de figures peintes : Jules II fit couvrir la voûte d'une assemblée de géants. Il voulut se faire élever à lui-même un tombeau plus grand et plus solennel que celui qui avait été érigé en mémoire de Paul II. Ce dernier pape avait commencé un palais que ses parents achevèrent et qui fut au XV⁰ siècle le plus fort et le plus majestueux de Rome ; Jules II fit jeter dans la ville les fondements d'un palais qui devait dépasser de loin le palais de Venise. Enfin, il eut l'ambition de réaliser les projets ébauchés un demi-siècle plus tôt par Nicolas V : la construction d'un Vatican surhumain, la reconstruction de Saint-Pierre, la création d'une nouvelle Rome. Il agrandit chacune de ces entreprises à la taille de son propre génie. Pour les accomplir il trouva une nouvelle génération d'artistes et sut distinguer les plus hautes têtes, celles qui étaient faites pour respirer, comme lui, une atmosphère d'épopée.

Le premier des grands projets auxquels Jules II s'attacha de toute son ardeur impatiente, fut le tombeau où il voulait vivant contempler sa gloire.

Il fit venir tout exprès de Florence un sculpteur de trente ans qui avait déjà été appelé à Rome, au temps d'Alexandre VI, par le cardinal Riario, l'un des neveux de Sixte IV. En 1499, le jeune artiste avait terminé une *Pietà*, commandée pour une chapelle de Saint-Pierre par le cardinal français Villiers de la Groslaie, continuateur des traditions magnifiques du cardinal d'Estouteville : sur la bandelette qui passait en sautoir

sur la poitrine de la Vierge, comme un baudrier, le Florentin avait signé
fièrement son nom : Michel-Ange Buonarotti[1].

Le groupe fut placé dans une chapelle de la basilique de Saint-Pierre ;
il a été replacé dans une chapelle de la nouvelle basilique, à droite de
l'entrée (fig. 2). Cette première œuvre de Michel-Ange à Rome est à la
frontière de deux siècles d'art. Pleine d'humaine tendresse, elle n'est point
violente ni tragique. La
Vierge douce et résignée a
gardé le jeune visage des
madones florentines qui
souriaient à l'Enfant ; elle
a l'âge de son Fils étendu
sur ses genoux. Plus tard,
pour répondre aux critiques
qui relevaient l'invraisem-
blance, le sculpteur trou-
vera une subtilité de théologien : cette jeunesse inal-
térable est, dit-il, un pri-
vilège par lequel « Dieu a
voulu faire éclater au monde
la virginité et la pureté
sans tache de sa Mère ».
Le Christ a le corps souple
et svelte des dieux jeunes
sculptés par les maîtres du
siècle d'Alexandre, avec
des accents de modelé qui
trahissent l'étude d'un modèle nu. Quand Michel-
Ange a sculpté ce cadavre

Fig. 2. — *Pietà* de Michel-Ange, dans la basilique
de Saint-Pierre.

divin, il venait d'admirer l'Apollon du Belvédère, à peine sorti du sol, et
il avait achevé à Rome, après un *Cupidon* qui s'est perdu, le Bacchus
androgyne, qui est aujourd'hui au Musée national de Florence.

Michel-Ange était revenu à Florence en 1501. Il érigea devant le Palais
de la Seigneurie le David colossal ; il peignit l'énorme carton de la
« Guerre de Pise », destiné à la décoration du même palais. Dans cette

[1] MICHAELANGELUS BONAROTUS FLOR. FACIEBAT.

dernière œuvre, commandée par Florence aux deux maîtres les plus renommés de la Toscane, le jeune sculpteur s'était mesuré, le pinceau à la main,
avec Léonard de Vinci, dont la barbe d'alchimiste était blanche. Lorsque
Michel-Ange fut rappelé à Rome par Jules II, nul parmi les sculpteurs
et les peintres ne pouvait se dire plus grand que lui.

L'artiste et le pape s'entendirent, dès leurs premiers entretiens, comme
des hommes de même race. En tous deux les contemporains reconnaissaient cette puissance redoutable des hommes supérieurs que les Italiens
d'alors appelaient d'un mot intraduisible : la *terribilità*.

Le mausolée que Jules II commanda à Michel-Ange fut conçu comme
une œuvre qui, « pour la beauté, la superbe, les grands ornements et la
richesse des statues, devait passer toute sépulture antique et impériale ».
Au fond de la basilique de Saint-Pierre devait s'élever, isolé de toutes
parts, le monument triomphal, aussi haut qu'un palais, chargé de quarante statues, toutes colossales. Sur les esquisses, des Victoires et des
Renommées se préparaient à commémorer les succès militaires du pontife avant qu'il eût mis ses armées en campagne ; des esclaves enchaînés prenaient une pose de sommeil douloureux pour personnifier les Arts,
prisonniers de la mort avec le pape qui inaugurait la série de ses grandes
entreprises artistiques en commandant ce mausolée. Le poème de marbre
imaginé par Michel-Ange célébrait d'avance l'histoire politique et artistique
du règne, les conquêtes et les monuments. C'était un programme qui
avait la majesté d'une prophétie.

Michel-Ange alla lui-même à Carrare pour choisir et dégrossir les
premiers blocs. Tout en travaillant pour le pape, il rêvait, dit son biographe Condivi, de sculpter l'une des montagnes de marbre et d'en faire
un colosse dont le regard dominerait la mer. Revenu à Rome, il s'installa dans l'atelier qui lui avait été préparé sur la place de Saint-Pierre
et où le pape vint le voir à l'ouvrage. Mais au bout de quelques mois le
sculpteur s'aperçut que la faveur du maître se détournait de lui. Il se présenta au Vatican et ne fut point reçu. A la cinquième tentative, il fut congédié par un valet qui avait des ordres. Fier et nerveux à l'excès, il fut
pris d'un double accès de colère et de terreur panique. Le jour même il
sautait à cheval et s'enfuyait de relai en relai jusqu'à Poggibonsi, la ville
frontière sur le territoire de la république florentine. C'était le 17 avril 1506.
Le lendemain, qui était le dimanche de Quasimodo, le pape posa solennellement la première pierre de la nouvelle basilique du Vatican.

Jules II donnait un premier exemple de cette inconstance fébrile qui,
l'entraînant d'un plan à l'autre, comme d'un parti au parti opposé, et tou-

jours avec le même emportement, devait compromettre le succès de ses
entreprises politiques et artistiques. Le tombeau fut négligé pour l'édifice
nouveau qui devait l'abriter et Michel-Ange pour Bramante.

L'architecte d'Urbin était venu à Rome sous le pontificat d'Alexandre VI, dans l'année même où le sculpteur florentin achevait le groupe de
la *Pietà*. Donato Bramante était alors âgé de
cinquante-cinq ans. Il
avait travaillé pendant
vingt-huit ans d'un bout
à l'autre de la Lombardie : après la déchéance
de son puissant protecteur, Ludovic le More, il
fut attiré à Rome par la
richesse de la Papauté
et par les monuments de
l'antiquité qu'il ne connaissait pas encore.

Les grandes ruines
qui, un siècle plus tôt,
avaient révélé au jeune
Brunelleschi les principes d'un art nouveau,
transformèrent le génie
de Bramante, déjà mûr
et glorieux. Dans ses
œuvres milanaises, telles
que la sacristie de San
Satiro et la coupole de
Santa Maria delle Grazie,

Fig. 3. — *Tempietto* de Bramante, près de San Pietro
in Montorio.

le maître sensible aux plus délicates harmonies des proportions et des
lignes pures avait fait assaut de richesse et de fantaisie avec les architectes
lombards : il combinait dans des jeux exquis la couleur de la brique et les
arabesques des reliefs de terre cuite ou de marbre. Quand il eut étudié les arcades du théâtre de Marcellus et du Colisée, il délaissa le rose de
la brique pour le gris rude du travertin et les pilastres brodés de fines
sculptures pour la sévérité des ordres classiques.

Le premier édifice qui lui fut commandé à Rome était une chapelle

qui devait s'élever sur le Janicule, près du lieu où la tradition du moyen
âge plaçait la croix renversée de saint Pierre [1], et où Ferdinand et Isabelle
d'Espagne, les rois catholiques, avaient fait bâtir en 1492 l'église de San
Pietro in Montorio. Cette chapelle, achevée en 1502, fut un petit temple
rond à coupole. En élevant la colonnade circulaire qui entoure la petite
rotonde, Bramante employa pour la première fois l'ordre toscan dans
toute sa pureté, avec une frise ornée de triglyphes (fig. 3).

Le *Tempietto* fut admiré par les contemporains à l'égal d'un antique ;
quelques années après la mort de l'architecte, les artistes flamands et
français qui venaient étudier les ruines romaines, dessinaient l'œuvre de
Bramante comme un temple d'Apollon transformé en chapelle de Saint-
Pierre.

En même temps qu'il imitait les ruines, Bramante savait appré-
cier les édifices bâtis au XVe siècle pour les cardinaux et les papes.
Une tradition, qui est d'accord avec les dates, lui attribue la construction
du palais que le cardinal Adriano de Corneto se fit élever près du Vatican et qui n'était pas achevé en 1501 : ce palais appartient aujourd'hui
aux Torlonia. Si Bramante est l'architecte de cet édifice, il faut reconnaître qu'il a imité avec un soin scrupuleux les façades du palais du cardinal Riario, aujourd'hui palais de la Chancellerie, achevé vers 1495 par
un maître inconnu, venu sans doute de Toscane[2]. Le cloître de Santa
Maria della Pace, œuvre authentique de Bramante, qui porte la date de
1504, montre la solennité des ordres antiques tempérée par l'élégance
discrète des œuvres florentines. Tout en s'inspirant des édifices qu'il
trouvait à Rome, — temples et théâtres antiques et palais du XVe siècle,
— Bramante n'avait rien perdu de sa verve créatrice. Le *Tempietto* du
Janicule, avec son ordre dorique et le haut tambour de sa coupole, était
une imitation très libre du petit temple rond voisin du Tibre, avec sa
colonnade corinthienne et son toit en parasol. La chapelle de Bramante

---

[1] D'après les traditions les plus anciennes, saint Pierre aurait été supplicié entre les
deux bornes extrêmes du Cirque de Néron au Vatican, *inter duas metas*, c'est-à-dire sur
le mur de la *spina*. Le sens exact du mot *meta* se perdit ; ce mot fut employé pour dési-
gner les pyramides funéraires de type égyptien qui, depuis le temps d'Auguste, avaient
été dressées au bord des grandes voies. Deux de ces pyramides furent notées dans les
itinéraires du moyen âge : l'une, celle de Gaïus Sestius, près de la Porte San Paolo
(voir *Rome, l'Antiquité*, p. 93, fig. 73), passait pour le tombeau de Romulus (*Meta
Romuli*) ; l'autre, qui se trouvait près du palais du Vatican et fut détruite au XVe siècle,
portait le nom de tombeau de Rémus. L'éminence de San Pietro in Montorio passa pour
le lieu de l'exécution de l'apôtre parce qu'elle se trouvait à égale distance de ces deux
pyramides, — *inter duas metas*.

[2] V. le volume précédent, p. 107-108, fig. 54.

était conçue pour former le motif central d'un ensemble pittoresque : la petite colonnade de sa rotonde devait apparaître entre les colonnes plus hautes d'un portique circulaire et se prêter à des jeux de perspective tournante qu'eussent accompagnés les jeux du soleil et de l'ombre. Dans le cloître de Santa Maria della Pace, l'artiste a eu l'audace d'élever, au mépris de Vitruve, une colonnette au-dessus de la clef des arcades.

En quelques années Bramante s'était fait sa place à Rome ; il balançait la renommée du florentin Giuliano de San Gallo à l'avènement de Jules II. D'ailleurs imposant et de belles manières, lettré, poète à ses heures, il s'insinua sans peine dans la faveur du nouveau pape. Dès 1504 il fut chargé par Jules II d'agrandir l'église de la famille della Rovere, Santa Maria del Popolo, par la construction d'un chœur monumental. Il éleva la coupole que Pinturicchio devait parer de ses fresques les plus chatoyantes, et dessina l'architecture des deux mausolées cardinalices dont le florentin Andrea Sansovino, venu à Rome en 1504, sculpta les figures maniérées et pompeuses (fig. 4) [1]. L'abondance des ornements et la complication bizarre des frontons qui surmontent ces arcs de triomphe à triple arcade, peuvent passer pour des souvenirs de la « manière lombarde de Bramante », dans un temps où le maître était en pleine possession de sa « manière romaine ».

D'année en année le pape concevait des projets nouveaux et toujours plus vastes. Après avoir agrandi l'église qui était le sanctuaire des della Rovere, Jules II voulut rebâtir sur un plan nouveau la basilique qui avait remplacé le Latran dans la vénération des peuples et qui était, près du palais du Vatican, l'église de la Papauté. Bramante contribua certainement à l'engager dans cette entreprise et à le détourner du grand tombeau commencé par Michel-Ange. L'architecte alla même jusqu'à desservir le sculpteur auprès de Jules II. Quant à San Gallo, toujours en fonctions à la cour pontificale, il fut écarté sans peine : les dessins que Bramante présenta à Jules II dépassaient les conceptions les plus audacieuses du pontife.

La vénérable basilique élevée par Constantin, décorée de mosaïques et de peintures qui formaient une série sans égale depuis la Paix de

---

[1] L'un de ces tombeaux fut élevé par Jules II dans l'église de della Rovere en mémoire d'un ennemi vaincu, le cardinal Ascanio Maria Sforza, frère de Ludovic le More : le pape, dit l'inscription de 1505, avait voulu oublier les torts du défunt, pour ne se souvenir que de ses vertus : *Virtutum memor honestissimarum, contentionum oblitus.* L'autre tombeau, pareil au premier, reçut le corps d'un neveu de Sixte IV, le pieux cardinal Girolamo Basso della Rovere, évêque de Lorette.

l'Église jusqu'au temps des papes d'Avignon, remplie de monuments sculptés par les maîtres les plus délicats et les plus fiers du xv⁰ siècle, était condamnée à disparaître. Il ne suffisait plus à Jules II et à Bramante d'agrandir le chœur en reconstruisant l'abside, comme les architectes de Nicolas V avaient commencé de le faire, ni même d'élever au-dessus du sanctuaire la coupole projetée dès le jubilé de 1450. Les colonnes des cinq nefs devaient être abattues, et la coupole devait s'élever au centre d'un édifice qui n'aurait aucune ressemblance avec les basiliques chrétiennes de Rome.

Le Saint-Pierre de Bramante dessinait un carré. Autour de la coupole centrale rayonnaient quatre bras égaux, terminés uniformément par un chevet arrondi. Les nefs devaient avoir les proportions gigantesques et les énormes voûtes de la basilique de Constantin [1]. La formidable ruine qui domine le Forum passait au XVIᵉ siècle pour le Temple de la Paix, bâti par Vespasien, « duquel, écrit Montaigne, on voit encore la chute toute vive, comme d'une grande montagne dissipée en plusieurs horribles rochers ». Au-dessus de ces voûtes, Bramante prétendait suspendre dans les airs une coupole pareille à celle du Panthéon. Il avait étudié le système de la construction antique et comptait mouler ses voûtes sur des cintres volants, comme eût fait un architecte au service des Antonins. Mais le plan sur lequel devaient se fermer ces voûtes romaines était inconnu de l'antiquité, comme de l'Occident chrétien. La croix dessinée par les quatre bras égaux était une croix grecque ; l'église entière, avec les quatre coupoles basses qui flanquaient sa coupole centrale, ressemblait de fort près à une église d'Orient. Aux quatre angles du carré, quatre tours étaient projetées : elles eussent rappelé, à côté des coupoles byzantines, les tours qui flanquent la façade et le chevet des plus anciennes cathédrales d'Allemagne. Ces tours étaient reliées au corps de l'église par des portiques d'ordre dorique, sous lesquels s'ouvraient les entrées du temple.

L'antiquité et le moyen âge oriental et occidental s'unissaient dans ce vaste projet à l'Italie de la Renaissance. Comment Bramante avait-il pu connaître Constantinople et les bords du Rhin ? Avait-il retrouvé lui-même le plan en croix grecque, avec les cinq coupoles, ou s'était-il souvenu de Venise ? L'art composite de la Lombardie lui avait-il laissé deviner l'art du Nord ? Bien des questions resteront en suspens autour d'un monument qui ne ressemble à rien de ce que l'Italie a réalisé en pierre

[1] Voir *Rome, l'Antiquité*, p. 135, fig. 108.

ou en marbre. L'apparition de cette Babel, fantastique par la silhouette
et classique par le détail, domine le règne de Jules II et en résume la pensée active dans un mirage de coupoles et de tours. Synthèse de toutes
les architectures du monde connu, sous une parure empruntée aux ordres

Fig. 4. — Mausolée du cardinal Ascanio ; architecture de Bramante ;
sculptures d'Andrea Sansovino. Église Santa Maria del Popolo.

antiques, le Saint-Pierre de Bramante eût été vraiment, pour les artistes
comme pour les croyants, l'église universelle.

L'édifice merveilleux n'a existé que sur les plans de l'architecte et sur
le bronze de la médaille de Caradosso (fig. 5), dont le pape lui-même
déposa un exemplaire, le 18 avril 1506, au fond de la fosse creusée pour
recevoir la première pierre de l'un des piliers qui devaient soutenir la cou-

pole. Un second pilier fut fondé solennellement l'année suivante. Quand Bramante mourut, en 1514, un an après Jules II, les quatre piliers étaient debout, unis par quatre arcs qui dominaient la toiture à demi éventrée des nefs de l'ancienne basilique. La construction fut abandonnée pendant quinze ans. La plupart des maîtres renommés qui la reprirent, à partir de 1534, menèrent parallèlement jusqu'aux premières années du XVI° siècle deux œuvres fatales : ils continuèrent de démolir la basilique de Constantin et ne cessèrent de modifier le dessein de Bramante jusqu'à le rendre méconnaissable.

Le maître lui-même avait été distrait de son œuvre capitale par les projets nouveaux qu'il était obligé de fournir sans trève au pape, insatiable, écrit le maître des cérémonies Pâris de Grassis, de constructions gigantesques, *magnarum molium semper avidus.*

Un nouveau Vatican devait s'étendre à côté du nouveau Saint-Pierre ; l'église élevée sur une place immense entourée de portiques, le palais flanqué de ses jardins eussent composé un ensemble dont l'ordonnance régulière et les proportions colossales, les longues colonnades rectilignes et les énormes exèdres semi-circulaires évoquent la grandeur surhumaine du Forum de Trajan et des Thermes de Caracalla. La ville papale du Vatican eut égalé peut-être la ville impériale dont les ruines couvraient le Palatin. Mais l'exécution de ces plans immenses fut à peine ébauchée. Le palais de Nicolas V, avec la tour Borgia, resta debout. Bramante se contenta de masquer les murs de brique, du côté qui regardait le Tibre, par trois étages d'arcades, dont l'ordonnance rappelait à la fois le Colisée et la cour monumentale du palais de Venise. Ces *loggie* ne furent achevées qu'après la mort de Jules II et de Bramante.

Devant une autre face du palais pontifical, celle qui était flanquée de la tour Borgia, l'architecte commença la construction de deux énormes corps de bâtiments, longs de trois cents mètres, qui, montant parallèlement les pentes de la colline vaticane, devaient unir la forteresse de Nicolas V au Belvédère d'Innocent VIII. Ces bâtiments eurent pour façade des *loggie* à trois étages, dont les arcades furent imitées du théâtre de Marcellus, et les pilastres, groupés deux à deux entre les baies ouvertes, du palais de la Chancellerie. Ils servaient d'enceinte à un stade préparé au pied de la colline pour les tournois ou les courses de taureaux, mises en vogue par les Borgia, et, plus haut, à une terrasse fleurie élevée sur de solennels gradins. Un hémicycle s'arrondissait au pied du palais et au-dessous des fenêtres de l'appartement occupé par Jules II. De ces fenêtres, la vue s'étendait sans obstacle jusqu'à la terrasse du

Belvédère, où le pape faisait rassembler, au milieu des parterres, les plus beaux marbres antiques remis au jour par les fouilles. Le décor du fond était une niche colossale, qui masquait la villa d'Innocent VIII et qui s'ouvrait au loin comme l'abside d'un temple à ciel ouvert. Cette perspective solennelle a été coupée par le bâtiment de la Bibliothèque et la *Braccio nuovo* du Musée, élevés en travers de la longue enceinte, entre le stade et la terrasse. La cour dite du Belvédère, où Jules II avait formé sa collection d'antiques, et qui fait aujourd'hui partie du Musée, est encore dominée par la niche inutile et superbe, seul reste à peu près intact du Vatican de Bramante.

Jules II avait demandé à son architecte de nouveaux plans pour rebâtir sa capitale, en même temps que son palais. Une inscription, encore fixée à une façade dans la via dei Banchi vecchi, résume quelques-uns des grands projets de conquête et d'édilité que le pape poursuivait avec le même feu : « Au pape Jules II. Après l'agrandissement du domaine de la Sainte Eglise romaine et l'affranchissement de l'Italie, il a embelli la ville de Rome ....., en ouvrant de nouvelles voies, pour la rendre digne de la grandeur de l'Empire. »

Sur les deux rives du Tibre, une grande rue rectifiée et une rue neuve et droite furent menées parallèlement au fleuve et dans la direction du Vatican. L'une, au *Trastevere*, est la Lungara ; l'autre est la via Giulia. Dans le soubassement des maisons qui bordent la rue de Jules II et qui sont les plus proches du Tibre, quelques blocs de travertin, les plus pesants qui soient à Rome, semblent les restes d'une enceinte cyclopéenne. Ce sont des pierres du palais que le pape avait fondé pour y réunir les services de l'administration pontificale, et qui devait être surmonté de cinq tours énormes. A la mort de Bramante, c'est à peine si les murs de cette forteresse commençaient à sortir du sol.

Le grand architecte qui avait improvisé des plans pour chacun des projets du pape laissait Rome pleine de ruines. Il avait démoli sans scrupules, pour déblayer le terrain ou amasser des matériaux, les anciennes basiliques chrétiennes, qu'il dédaignait comme barbares, et les monuments antiques, qu'il imitait religieusement. Les dévots murmuraient, les plaisants chansonnaient, et le nom de Bramante était travesti en celui de *ruinante*, le faiseur de ruines. Sans doute le maître audacieux détruisait pour construire ; mais l'argent lui manqua, et le temps, et la vie. Les arcs de la coupole de Saint-Pierre suspendus sur les piliers isolés, les *loggie*, dont les arcades inachevées ressemblaient à des trous, les blocs du *palazzo Giuliano*, épars au bord du Tibre, avaient, peu d'années après

la mort du pape et de l'architecte, l'aspect d'énormes débris du passé.
Les monuments les plus solennels qui conservent la mémoire du pontife
aux rêves d'empereur ne sont pas des édifices, mais des fresques peintes sur les murs de brique élevés par ses prédécesseurs, dans la chapelle
de Sixte IV et le palais de Nicolas V.

Fig. 5. — Le Saint-Pierre de Bramante.
Médaille de Caradosso.

CHAPITRE II

LA VOUTE DE LA CHAPELLE SIXTINE

« C'était à toi de venir Nous trouver et c'est Nous qui avons dû venir vers toi! » Telle fut la rude bienvenue que Michel-Ange reçut à Bologne, à genoux devant Jules II. Après sa fugue, il était resté à Florence ; la Seigneurie, effrayée de la colère du pape, réussit enfin à envoyer l'artiste avec un sauf-conduit dans la ville des Bentivoglio, où le pape venait d'entrer en maître, avec ses cardinaux, sa cour et son armée. Pour sceller sa réconciliation avec le sculpteur, Jules II lui commanda une statue colossale, son propre portrait, qu'il voulait ériger devant la grande place de Bologne, pour tenir sa place et faire planer la terreur sur ses adversaires. Il voulut cette statue en bronze. Michel-Ange, souverain praticien du marbre, dut s'essayer aux travaux de la fonte, qui étaient nouveaux pour lui et qui n'allèrent pas sans déboires ; cependant, le 21 février 1507, la statue était hissée dans une niche, au-dessus du portail de la cathédrale San Petronio et jetait sur le palais public son regard courroucé. Un mois plus tard, le 28 mars, Jules II fit son entrée à Rome, sous les arcs de triomphe. Michel-Ange l'avait précédé de quelques jours. Le pape, à peine revenu, imposa au sculpteur remis sous son joug une tâche écrasante.

Il ne voulait plus entendre parler de bronze ni de marbre. Toute son ardeur impérieuse pressait l'accomplissement d'un projet qu'il avait formé dès 1506, au temps où il commençait à se lasser du mausolée à peine ébauché : la décoration de la voûte de la chapelle Sixtine. Il força son sculpteur à faire œuvre de peintre. En vain Michel-Ange résista, alléguant, malgré la renommée de son carton de la Guerre de Pise, qu'il n'était pas peintre : *essendo io non pittore*, comme il le répétera maintes fois dans ses lettres et dans ses rimes. Il plia devant la volonté de Jules II. Il dut faire venir un groupe d'artistes florentins, pour l'aider et pour lui enseigner la pratique de la fresque, qu'il connaissait mal, n'ayant encore donné pour la décoration du palais public de Florence qu'un carton dessiné au lavis. Il lui fallut établir un échafaudage solide à une hauteur de près de vingt-cinq mètres.

Le 10 mai 1508 il recevait un à-compte sur la somme de 3.000 ducats fixée au premier contrat. Le plan adopté tout d'abord et que Michel-Ange a indiqué dans une de ses lettres, était simple et peu original. La voûte proprement dite, qui depuis le temps de Sixte IV était couverte d'un simple badigeon bleu semé d'étoiles, devait être ornée d'un lacis d'arabesques et de grotesques, à la manière de Pinturicchio. Les douze lunettes qui s'avançaient au-dessus des fenêtres n'avaient encore reçu aucune décoration : sur ces surfaces courbes Michel-Ange projeta de peindre les douze apôtres. Il prépara l'un des cartons. « Puis, écrit-il, l'œuvre commencée, il me sembla que ce ne serait jamais qu'une pauvre chose. Le pape me demanda pourquoi. — Parce que les apôtres, eux aussi, étaient bien pauvres. » Le pape me donna alors une commande nouvelle et me dit de faire ce que je voudrais. » La somme convenue fut le double de la première, 6.000 ducats ; le projet était incomparablement plus vaste et plus riche ; ce n'était plus seulement les lunettes qui devaient être couvertes de grandes figures, mais la voûte entière et les parois mêmes, au-dessus des fenêtres, jusqu'aux images de papes martyrs peintes par Ghirlandajo et par Botticelli. Les premiers cartons de l'œuvre définitive furent achevés à la fin de l'année 1508, et les peintres appelés de Florence collaborèrent avec le maître aux premiers carrés de fresque. Mais brusquement, dans une lettre à son père, datée du 27 janvier 1509, Michel-Ange annonce qu'il a renvoyé tous ses aides. Il veut affronter seul l'immense labeur. Il s'enferme dans la Sixtine : c'est à peine si le pape peut forcer la porte et monter sur l'échafaudage par une échelle, comme il entra dans la brèche de la Mirandole. Un seul homme au monde, le maçon qui chaque matin venait préparer l'enduit frais pour le travail de la journée, — peut-être un certain Piero Rosselli, nommé dans les comptes pontificaux de 1508 —, a pu voir de jour en jour apparaître sur le stuc de nouveaux géants.

Le jour de la Toussaint de l'année 1512 les échafaudages venaient d'être enlevés et le pape vieilli et affaibli par les maladies dont il allait mourir célébrait la messe sous la voûte de Michel-Ange. L'œuvre était commencée depuis quatre ans ; mais en 1510 l'artiste avait dû prendre quelques mois de repos à Florence ; en 1511 la guerre avait interrompu les paiements et retardé le travail.

En trois ans, les mois de chômage déduits, Michel-Ange avait couvert

Fig. 6. — Voûte de la Chapelle Sixtine.

une surface de plus de trois mille mètres carrés ; il avait de sa main esquissé et dessiné sur papier ou sur carton, calqué et peint sur le mur trois cent cinquante figures, dont les plus grandes avaient trois et quatre fois la taille d'un homme.

La pensée qui anime cette foule surhumaine appartient à l'artiste, comme les moindres détails de la peinture à fresque. Aucun théologien n'a dicté le sommaire de l'immense poème, non pas même le pape. Des thèses dogmatiques formulées par Sixte IV et des allusions historiques aux événements de son pontificat ont pu être reconnues dans les scènes qui décorent les parois [1] ; Jules II n'est intervenu dans les fresques de la voûte que par un acte, qui fut, il est vrai, l'origine de leur grandeur unique : en les commandant à Michel-Ange. Pas une figure, pas une inscription ne rappelle le pontife guerrier [2]. Dans la chapelle du Vatican Michel-Ange n'a glorifié que le Créateur et le Rédempteur.

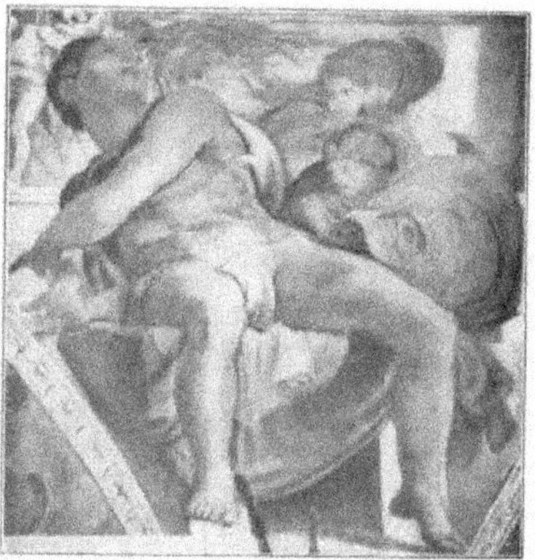

Fig. 7. — Le prophète Jonas. Voûte de la Chapelle Sixtine.

Les deux histoires parallèles de Moïse et du Christ qui occupaient les parois ont donné au maître les points d'appui sur lesquels il fait reposer l'édifice théologique de la voûte.

Les peintres florentins et ombriens appelés par Sixte IV avaient montré Moïse en face du Christ, la Loi en regard de la Grâce. Michel-Ange exposa ce qui, depuis les origines du Monde, avait précédé le règne de la Loi et ce qui, dans la suite des temps, après Moïse, avait préparé le règne de la Grâce.

[1] Voir le volume précédent, p. 133, 134, 146-149.

[2] Sur les bordures de stuc ornées de petits reliefs qui soulignent les arêtes, à l'intersection de la grande voûte et des petites voûtes qui forment les lunettes en « arc de cloître, » les oves et les denticules classiques sont remplacés par des glands de chêne, souvenir du rouvre des della Rovere, qui alternent avec des coquilles Saint Jacques. Cette fantaisie héraldique, qui compose une décoration ingénieuse et imprévue, remonte au temps de Sixte IV ; Michel Ange l'a respectée.

Neuf compositions (quatre très grandes et cinq plus petites) se suivent au milieu de la voûte, dans des cadres rectangulaires : elles se groupent de manière à former une trilogie, dont chaque partie comprend trois actes :

I. LA CRÉATION DU MONDE. — *1. Dieu sépare la lumière des ténèbres. — 2. Dieu sépare le soleil et la lune; il crée la vie végétale sur la terre. — 3. Dieu bénit la terre avant de créer l'homme.*

Fig. 8. — La création d'Ève, avec quatre figures décoratives.
Voûte de la Chapelle Sixtine.

II. LE PÉCHÉ. — *1. La création de l'homme. — 2. La création de la femme. — 3. La tentation et l'expulsion du Paradis terrestre.*

III. — L'ALLIANCE. — *1. Le sacrifice d'actions de grâces de Noé* (tableau placé en dehors de la suite chronologique pour laisser un champ plus large au tableau suivant). — *2. Le Déluge. — 3. Noé et ses fils, ancêtres des nouvelles races d'hommes.*

Autour de ce sommaire épique de la Genèse, dont le centre est formé par l'histoire de la *Chute,* trois séries de figures et de groupes représentent les promesses de la *Rédemption.* Douze géants assis dans les

III.   2 écoinçons de la voûte sont les inspirés qui ont annoncé le Sauveur parmi les Juifs et parmi les Gentils : sept *prophètes* et cinq *sibylles*. Les scènes peintes dans les grands triangles sphériques, aux quatre coins de la voûte, racontent les délivrances du peuple d'Israël, conservé par Dieu pour le salut du monde. Au-dessus de l'entrée, c'est *David*, vainqueur de Goliath, et *Judith* qui met dans le panier de sa servante la tête gigantesque d'Holopherne. Au-dessus de l'autel, c'est, d'un côté, l'histoire d'*Esther*, avec le supplice d'Aman, mis en croix par ordre d'Assuérus ; de l'autre, le *Serpent d'airain*. Des groupes qui jouent un rôle plus caché sont distribués sur les arcades qui surmontent les fenêtres et

Fig. 9. — Le péché originel.

jusque sur les huit petites lunettes qui s'avancent au-dessus des fenêtres latérales. Hommes, femmes, enfants, ceux-là sont les ancêtres du Christ selon la chair, dénombrés dans le préambule de l'Evangile selon saint Mathieu. La série commençait au-dessus de l'autel, avant que Michel-Ange lui-même eût détruit deux groupes, en peignant son *Jugement dernier* ; elle s'achève au-dessus de l'entrée avec Jacob, fils de Mathan, et avec son fils Joseph, qui devait être l'époux de Marie.

La conception de ce vaste ensemble est digne, par son ampleur et sa profondeur, des écolâtres et des évêques qui ont combiné la solide architecture théologique des portails de cathédrales. Michel-Ange n'ignorait pas les subtilités scolastiques. S'il a placé le *Serpent d'airain* et le *Gibet d'Aman* au fond de la chapelle Sixtine, c'était pour rapprocher de l'autel où se célèbre le sacrifice eucharistique deux épisodes de l'Ancien Testament que le moyen âge avait considérés comme des « figures » du

sacrifice de la croix. Le prophète assis entre ces deux scènes est Jonas, nu
et la tête levée vers le ciel (fig. 7) ; au-dessus de l'autel, il est non seulement un prophète, mais une « figure » du Christ. Dès le second siècle de
l'Église, l'homme sorti vivant du poisson monstrueux avait été peint dans
les *arcosolia* des cimetières comme une image de la Résurrection.

Si la voûte de Michel-Ange, considérée comme un poème théologique, semble continuer et achever solennellement l'art des catacombes et
des cathédrales, ce n'est pas que le maître se soit inspiré des sarcophages
chrétiens ni des peintures giot-
tesques. Sa pensée était profon-
dément pénétrée de religion Au
milieu des humanistes, qu'il semble avoir dédaignés, il avait conservé le culte de Dante, dont le
poème est une « Somme ». Lui-
même avait vu et entendu dans la
cathédrale de Florence un homme
en qui passait le souffle de Jérémie et d'Ezéchiel. Il s'attacha,
avec un groupe d'artistes, aux pas
de Savonarole ; après qu'Alexandre VI eut triomphé du moine qui
l'attaquait comme l'Antéchrist,
Michel-Ange vénéra toute sa vie
la mémoire du saint brûlé par le
bourreau. C'est parce qu'un prophète lui était apparu qu'il com-

Fig. 10. — La sibylle de Cumes.

prit la grandeur des prophètes d'Israël et qu'il les assit sur des trônes,
en pleine lumière, tandis que les rois, les David et les Salomon, étaient
confondus par lui dans la foule obscure des ancêtres du Christ. Mais
plus fort que l'écho des prédications de Savonarole et que le murmure
des vers de Dante, le langage de la Genèse retentit sous la voûte de la
Chapelle Sixtine.

Savonarole, toujours armé de l'Écriture, avait enseigné à son disciple
l'amour du Livre qui était l'arsenal des réformateurs. La voûte de la
Sixtine, toute conforme qu'elle soit aux traditions du moyen âge, est
moins inspirée de la théologie courante que de la *Bible*, méditée et
vivifiée par une grande âme. En revenant à la source première de l'art
chrétien, Michel-Ange, fils soumis de l'Église romaine, a mérité une

place dans l'histoire de la pensée chrétienne entre Savonarole et Luther.

Les formes où Michel-Ange a incarné sa conception de la Bible ont gravement souffert du temps. L'enduit même de la fresque avait été médiocrement préparé, sous la direction d'un artiste à qui manquait l'expérience des bons ouvriers du XVe siècle. Michel-Ange affolé avait vu les morceaux qu'il venait d'achever se couvrir de moisissure et de chanci, qui s'effacèrent quand la chaux eut achevé de sécher. Après le XVIe siècle, les premiers vices d'exécution et aussi le tassement de l'énorme calotte de brique ont amené des ébranlements dans la croûte

Fig. 11. — La création de l'homme.

de peinture. Au-dessus des histoires de Moïse et du Christ, encore fraîches et fines, la voûte de Michel-Ange, ternie et brunie par l'encens et les cierges, voilée par le réseau meurtrier des lézardes et des craquelures, a l'air d'une ancienne et auguste ruine. Cependant les ombres colossales qui semblent s'agiter au-dessus des visiteurs continuent de subjuguer tous ceux qui essaient de les contempler. Elles imposent à tous, à ceux qui se révoltent, aussi bien qu'à ceux qui s'inclinent, la plus évidente manifestation du surhumain dans l'art.

Ceux qui, dépassant l'impression inévitable, voudront pénétrer quelque peu dans l'intelligence du génie impérieux, auront grand profit à regarder la voûte en se souvenant des fresques du XVe siècle, alignées sur les parois.

Les peintures auxquelles avaient travaillé, sous Sixte IV, les meilleurs maîtres de Florence et de l'Ombrie, furent sans doute jugées sévèrement par l'artiste qui avait appris le dessin et la *tempera* avec l'un de ces maîtres, Domenico Ghirlandajo. Ces grands tableaux *a buon fresco*, encadrés entre de simples pilastres peints, remplis d'un défilé de contemporains qui passent, indifférents et calmes, devant de grands paysages d'Italie, sous un ciel clair traversé par des oiseaux, n'était que des jeux puérils pour l'homme qui avait en horreur l'art attaché à l'imitation de la vie réelle : *aborreva far somigliar il vivo*. Michel-Ange aurait pu appliquer mot par mot aux compositions laissées par ses prédécesseurs dans la Sixtine ce qu'il dira, dans sa vieillesse, à propos des réalistes du Nord : « La peinture flamande paraîtra belle aux femmes, surtout aux vieillards et aux enfants ; de même aux moines et à tel

Fig. 12. — Dieu sépare le soleil et la lune. Création du monde végétal de la terre.

noble, sourd à la véritable harmonie. En Flandre on peint de préférence pour donner le change sur le spectacle du monde extérieur ; ordinairement on met dans les tableaux des chiffons, des chaumières, des champs très verts ombragés d'arbres, des rivières, des ponts, c'est-à-dire des paysages avec quelques petits personnages çà et là. Quelque satisfaction que puissent éprouver certains yeux à cette vue, cela ne saurait représenter un art véritable : aucune proportion, aucune symétrie, aucun choix, aucune grandeur. »

Michel-Ange s'écarte tout d'abord des habitudes du XVe siècle par la manière dont il a conçu le cadre des scènes et des grandes figures. En renonçant à couvrir la voûte d'arabesques décoratives, suivant son premier projet, il a rompu avec la convention qui distribuait les sujets peints sur une voûte, comme celle de l'appartement Borgia, dans une série de médaillons et de rectangles arbitrairement tracés sur un champ rempli de « grotesques ». Pour encadrer les tableaux bibliques et pour

loger l'assemblée des prophètes et des sibylles, il a peint toute une voûte
idéale, qui ne s'adapte pas aux formes de la voûte réelle, mais qui est
supposée élevée sur des pilastres *au-dessus* de cette voûte. Les pilastres,
entre lesquels sont disposés les trônes des douze figures colossales, sou-

Fig. 13. — Dieu bénit la Terre. Quatre figures décoratives.

tiennent des arcs doubleaux, larges et massifs, qui divisent la voûte idéale
en neuf compartiments. Des vides laissés entre ces arcs, sur toute la largeur
de la voûte idéale, ou des baies ménagées dans cette voûte laissent apparaître les tableaux bibliques comme par des ouvertures qui montrent les
lointains du passé (fig. 6).

Les lignes de cette architecture idéale sont peu intelligibles d'en bas.

Michel-Ange a mis en perspective les pilastres, avec leurs moulures,
pour un spectateur placé au milieu de chaque travée de la chapelle, entre
les fenêtres, et non point sur le pavé, mais à vingt-cinq mètres plus haut,
sur l'échafaudage installé au bas de la voûte réelle, à la hauteur des
cartouches qui portent les noms des prophètes. Pour comprendre exactement la disposition des pilastres et des arcs, il faut s'élever par la
pensée jusqu'aux pieds des géants assis.

Cette architecture imaginaire, Michel-Ange l'a compliquée en l'ani-
mant de figures peintes qui jouent le
rôle de sculptures. La progression du
relief apparent et des matières imitées
accompagne l'ascension de la voûte
idéale qui semble se détacher de la
voûte réelle. Des bas-reliefs placés deux
à deux au-dessus des lunettes représentent des hommes couchés face à face
ou dos à dos dans les triangles des
écoinçons ; ils ont la couleur du *bronze*.
Sur chacun des pilastres, deux enfants
de *marbre*, en haut relief, soutiennent
la corniche aux retombées des grands
arcs. Enfin, à la naissance même des arcs,
des jeunes gens nus, de taille gigantesque, sont assis sur des socles que
portent les ressauts de la corniche ;
modelés en ronde-bosse, leurs corps
ne sont plus ni de bronze, ni de marbre,

Fig. 14. — Le prophète Joël.

mais de *chair*. Vivants et libres, au-dessus des enfants emprisonnés dans
la masse du pilastre, ils représentent l'élan de la voûte. Bien qu'ils touchent
aux scènes bibliques, ils ne jouent aucun rôle dans l'épopée sacrée. C'est
à peine si quelques-uns d'entre eux, tout en soulevant une guirlande ou
une draperie, tiennent distraitement les attaches de boucliers d'airain sur
lesquels sont représentées des scènes indistinctes. Comme les athlètes de
bronze et les enfants de marbre, ces héros, dont le corps a les couleurs de
la vie, font partie de l'énorme cadre, et non des tableaux : ils personnifient les « forces » de l'architecture peinte par Michel-Ange (fig. 8).

Les figures inutiles à l'action et à la pensée composent autour des
scènes de la Genèse un décor vivant. Dans les fresques du XVᵉ siècle,
qui se suivent sur les parois, bien des spectateurs étaient rangés sur le

même plan que les acteurs du « mystère » et ne servaient à rien qu'à montrer leur mine grave et fière. Mais ceux-là étaient des portraits : leur
costume était à la mode de 1482. Les comparses de la voûte sont nus et
les artistes qui ont admiré de génération en génération ces héros
anonymes les appellent les *ignudi*.

Déjà, au fond d'un tableau peint à Florence vers 1500 pour Angelo Doni
(Musée des Offices) et dont le groupe central était une Sainte Famille, Michel-
Ange avait réuni des éphèbes nus qui, sans regarder Marie et l'Enfant,
semblaient se reposer et converser après des jeux de force. Le plaisir
des yeux que les maîtres du XV° siècle s'offraient largement, au risque d'oublier le sujet religieux qu'ils avaient à peindre, en développant les arabesques d'or et d'outre-mer, les cortèges somptueux, les paysages aux
courbes harmonieuses, Michel-Ange le cherche dans les formes et les attitudes du corps humain. Le nu est pour lui, dans le monde visible, le
seul objet digne de retenir l'étude de l'artiste lorsque, libre de tout
programme et de toute pensée, il s'abandonne à la joie de regarder et
de créer.

Fig. 15. — Le prophète Isaïe.

Michel-Ange se mettait en con-
tradiction ouverte avec les enseigne-
ments de son maître spirituel, Savonarole, qui avait proscrit la nudité
dans l'art, en même temps que les portraits dans les tableaux religieux.
L'artiste suivait le grand courant de la Renaissance, que le dominicain
n'avait pu arrêter ; il achevait l'œuvre commencée au XV° siècle par
quelques novateurs audacieux. Avant lui Signorelli n'avait-il pas peint,
dans la fresque du Testament de Moïse, un jeune homme nu, assis près
des gentilshommes en collant de soie, qui a été dans la Chapelle Sixtine
le premier des *ignudi* [1] ? Mais sur la voûte c'est un chœur nombreux
et gigantesque de figures héroïques qui célèbre la beauté humaine dans
l'état de nature. Pour concevoir cette apothéose du nu, qui devait dominer

[1] Voir le volume précédent, p. 135, fig. 88.

les cortèges pontificaux et les cérémonies chrétiennes, il fallait un peintre-sculpteur, accoutumé à étudier les statues antiques et à s'en inspirer. Les enfants de marbre qui décorent les pilastres en peinture sont les frères du Cupidon que Michel-Ange avait sculpté pendant son premier séjour à Rome et qui a disparu. Les jeunes gens à la peau brune sont de la même race que le Bacchus et que ce demi-dieu, le David de Florence.

Ces statues vivantes, dont Michel-Ange avait marqué la place aux angles des tableaux bibliques et qu'il peignit successivement en même temps que ces tableaux, semblent prolonger à travers l'œuvre immense la série des statues de marbre que Michel-Ange avait dû abandonner. De même, les scènes bibliques qui ont été peintes les premières sur la voûte se rattachent directement par la composition et par le style aux travaux antérieurs du peintre. D'après le témoignage de Condivî, Michel-Ange s'attaqua d'abord aux compartiments les plus rapprochés de l'entrée de la chapelle ; il commença par les trois tableaux qui finissent le récit épique de

Fig. 16. — Le prophète Daniel.

la Genèse. Le plus important de ces tableaux, le *Déluge*, encombré d'une foule d'hommes nus, qui fuient devant les eaux montantes, rappelle les gravures qui ont reproduit le carton perdu de la *Guerre de Pise* : Michel-Ange y avait représenté les soldats florentins surpris par l'ennemi comme ils se baignaient dans l'Arno, et sortant du fleuve nus comme des athlètes antiques. Les figures du premier plan, dans la fresque du Déluge, comme dans le carton de Florence, étaient de grandeur naturelle : vus à vingt-cinq mètres de haut, les groupes du tableau sont à peine distincts, à côté des géants qui font corps avec le cadre d'architecture. Michel-Ange, en regardant son œuvre d'en bas, par une ouverture de l'échafaudage, dut comprendre que la loi même de l'espace où il s'était enfermé lui imposait de ne créer que des colosses.

Dans le *Paradis terrestre*, le grand tableau qui fut peint après le *Déluge* et le *Sacrifice de Noé*, Adam et Ève sont plus grands du double que leurs descendants (fig. 9). Mais Michel-Ange ne s'arrête pas là : il s'exalte sous l'empire d'une nécessité qui l'entraîne dans le sens où le porte son génie.

Ses yeux, qui voyaient trop grand pour le goût classique de Goethe, voient toujours plus grand : Adam couché sur la terre nue et prêt à recevoir de Dieu l'étincelle de vie, est plus grand encore qu'au pied de l'arbre fatal. Dieu lui-même est plus grand dans la création du soleil que dans la création de l'homme (fig. 6).

Fig. 17. — Le prophète Ezéchiel.

Autour des scènes bibliques, tout grandit de même, à mesure que Michel-Ange avance dans son travail. Les jeunes dieux assis aux quatre coins des tableaux où Jéhovah apparaît encore seul sont de stature plus forte que ceux qui accompagnent le groupe de Noé et de ses fils. Dans l'assemblée des sibylles et des prophètes, la progression est saisissante. Zacharie, qui lit au-dessus de l'entrée de la chapelle, près de l'histoire de Noé, et qui a plus de deux fois la taille d'un homme, serait un pygmée, transporté au-dessus de l'autel, à côté du Jonas, dont le corps énorme et nu est renversé vers le ciel.

Cet agrandissement irrésistible de l'œuvre a été accompagné pour Michel-Ange, pendant trois années de labeur, par un développement intérieur de toutes les forces vives de son art.

Il a commencé à peindre la voûte en sculpteur : les groupes du Déluge sont durement modelés, sous une lumière blafarde. Dans les premières figures de prophètes, certainement peintes après l'histoire de Noé, le travail est encore sec et semble imiter les effets de la *tempera*. Dans l'énorme Jérémie, la touche est plus large et plus fondue; comme il convient à un colosse, elle abat de grands méplats et creuse des ombres profondes. Michel-Ange, quand il termina la voûte, était devenu maître de toutes les ressources de la peinture; il avait pénétré quelques-uns des mystères

du « clair-obscur », suivant le mot de Léonard. Dans les premiers jours
de la Création la lumière même est étrange et douteuse. Jéhovah, lorsqu'il
apparaît, n'est d'abord qu'une ombre dans la pénombre.

Les hommes réunis sur les îlots qu'envahissent les eaux du Déluge forment des groupes de statues fort massives. Les corps de femmes sont rares
et aussi puissants que les corps virils. Le nu de Michel-Ange n'a jamais été
voluptueux. Il est tendu à l'action, même dans le repos, et respire l'effort.

A mesure que le travail de la
voûte s'avance, les corps se défor-
ment par l'exagération de la muscu-
lature et de tout l'appareil de la
force. Michel-Ange, seul sur son
échafaudage, ne consulte point le
modèle vivant ; il crée des corps avec
ses souvenirs d'atelier et sa science
d'anatomiste. Que l'humanité ainsi
conçue par un artiste dans la solitude semble vivre, c'est de quoi con-
fondre tous les peintres. Mais la vie
de ces êtres est formidable et leur
grandeur difforme. Les têtes sont
trop petites pour les corps, à la fois
allongés et boursouflés. La vieille
sibylle de Cumes montre les épaules
d'un portefaix et les muscles d'un
lutteur (fig. 10). Le Très-Haut, pour
séparer le soleil de la lune, lance dans
le vide des bras de pugiliste (fig. 12).

Fig. 18. — La Sibylle Delphique.

Cette force débordante se dépense en mouvements violents. Les
groupes, dans le tableau du Déluge, étaient comme figés par le froid du
marbre ; le terrible drame n'est encore qu'un prétexte pour exposer de
savantes académies. Dans la suite des scènes de la Genèse, en allant
vers l'autel, les figures plus grandes gardent d'abord une majesté d'attitude qui est sculpturale. Michel-Ange, en peignant la création de la Femme,
se souvenait manifestement d'un bas-relief de Jacopo della Quercia qu'il
avait admiré à Bologne, sur ce portail de San Petronio au-dessus
duquel lui-même avait érigé la statue de Jules II (fig. 8). Mais, autour
des scènes bibliques, une agitation étrange s'est emparée des *ignudi*,
dont les premiers étaient si paisiblement assis à côté de la scène du

Déluge. Le souffle qui inquiète ces beaux corps indolents passe en ouragan à travers les scènes bibliques. Depuis la création de l'homme jusqu'à la création de la lumière, Dieu ne bénit plus : il se meut, il passe. Dans son manteau gonflé comme un nuage vivant, des génies le soutiennent et en même temps sont emportés par lui : ils figurent les puissances divines qui se traduisent en acte (fig. 11). Deux fois Jéhovah apparaît dans le même tableau, non point, comme dans les anciennes fresques italiennes, pour suivre jour par jour le récit de la Genèse, mais pour rendre sensible la courbe immense du mouvement créateur, entraîné dans une orbite pareille à celles où tournent les mondes (fig. 12).

Fig. 19. — La Sibylle Érythrée.

Les mouvements gigantesques qui expriment les actes de la création traduisent aussi des émotions et des pensées. C'est par le corps, objet essentiel de son étude, et non point seulement par le visage, que Michel-Ange fait deviner les âmes de ses créatures. Les jeunes gens nus assis aux retombées des arcs imaginaires semblent perdre la sérénité des dieux antiques en même temps que le calme des statues. L'un d'eux rit comme un jeune faune ; un autre, hagard, les cheveux hérissés, est envahi par une terreur soudaine (fig. 13). Les prophètes et les sibylles ont pour fonction spéciale de représenter les attitudes de l'esprit humain en face de la vérité et de l'inspiration divine. Derrière leur trône, sous leur grand livre ouvert, des génies enfants semblent former l'accompagnement musical du thème solennel qui se dégage de la figure colossale ; à côté des enfants de marbre qui sont comme des blocs du monde matériel, ces génies vivants et pensifs représentent les brises et les tempêtes du monde spirituel (fig. 14-16) ; ils entraînent Ézéchiel à une sorte de discussion épique avec les voix de l'infini (fig. 17) ; ils s'inclinent et pleurent avec Jérémie (fig. 21).

Dans les âmes des figures colossales qui sont la pensée tumultueuse

de la Chapelle Sixtine il paraîtra d'abord difficile de suivre une progression correspondante à l'ordre dans lequel ces figures ont été peintes.
Cependant cette progression, sans être régulière, est frappante dans
quelques attitudes observées aux extrémités opposées de la voûte. A la
sibylle Delphique, dont le corps est dessiné par des lignes souples, que
rompt seulement le geste violent d'un bras (fig. 18), s'oppose la sibylle
Lybique qui, pour remettre son livre sur le pupitre placé derrière elle, ploie
son grand corps en forme d'S (fig. 20). La gravité paisible de Zacharie, attentif
à sa lecture, contraste avec l'élan exta-
tique de l'énorme Jonas (fig. 6). Près
du prophète nu, Jérémie est écrasé
sous le poids de sa douleur comme
sous les ruines de Jérusalem (fig. 21).

Toutes les figures que Michel-
Ange a peintes en arrivant à l'extrémité de la voûte font un effort en
ébauchant un drame. La création
même, qui se poursuit sur le rythme
d'un hymne triomphal, commence
par un prologue sombre qui semble
un combat de la nuit et du jour.
Dieu, en créant la lumière, étend
les bras comme un nageur de l'ombre
et semble lutter contre le chaos dont
il dégage sa divinité (fig. 6).

Au-dessous de cette apparition, à
côté du Jonas, des monceaux d'énor-

Fig. 20. — La Sibylle Lybique.

mes cadavres convulsés et tordus sont entassés au pied de la croix qui
porte le serpent d'airain; quelques vivants lèvent les yeux et les mains
vers le monstre sauveur. Ces deux groupes, celui des condamnés et celui
des élus, forment comme l'ébauche d'un Jugement dernier.

Les dernières figures que Michel-Ange ait peintes en 1512, avant de
faire démolir son échafaudage, sont les ancêtres du Christ, rangés au-
dessus des fenêtres. Ce sont des groupes assis ou à demi-couchés sous les
lunettes de la voûte, comme dans la prison des Limbes. Ceux-là n'ont
pas vu le salut qu'ils ont préparé, selon les desseins de Dieu, en naissant
et en engendrant. Ils semblent attendre, dans l'attitude accablée des
familles d'émigrants assises au long des routes. Et sur eux pèse, en
s'étendant tout autour de la chapelle, la tristesse de Jérémie.

Il est difficile de distinguer ces groupes, voilés à la fois par l'ombre de la voûte et par le rayonnement des fenêtres ; il faut tenter cependant de les apercevoir, pour achever de comprendre l'âme de Michel-Ange à la fin du labeur de la voûte. L'artiste avait participé de tout son être au développement de l'œuvre qui avait avancé, de travée en travée, depuis l'entrée de la chapelle jusqu'à l'autel. Lui aussi avait grandi, il s'était enveloppé d'ombre, gonflé d'effort titanesque et de pensées désolées.

Fig. 21. — Le prophète Jérémie.

Michel-Ange n'avait que trente-trois ans quand il monta son échafaudage. Mais la jeunesse était éteinte sur son front et dans son cœur. Michel-Ange était chétif et laid, avec une tête énorme, et il « en pleurait ». Le coup de poing d'un camarade d'atelier, en lui écrasant le nez, avait achevé de le « priver d'un beau visage humain » *privo piangendo d'un bel viso umano*. Chaste comme il convenait à un disciple de Savonarole et de Dante, il n'eut pas d'amours, avant sa soixantième année, où une femme savante et sainte devint sa Béatrix. Orgueilleux de son génie, entêté de sa prétendue noblesse, qu'il faisait remonter à la comtesse Mathilde, il découragea les amitiés par son caractère « bizarre et fantasque ». Il ne trouva que des paroles déplaisantes et brutales pour les grands artistes qui l'abordaient avec révérence, — à Florence, Léonard de Vinci ; à Bologne, Francia ; à Rome, Raphaël et plus tard Titien. Partout il se croyait entouré d'ennemis. A plusieurs reprises il fut saisi d'accès de terreur panique, comme celui qui l'avait entraîné à fuir de Rome en 1506. Ce sont là des symptômes classés par les aliénistes : Michel-Ange plus d'une fois a côtoyé la folie.

Cette âme de solitaire exaspéra toutes ses énergies mal équilibrées dans la solitude et dans le labeur de la Sixtine. Lui qui se croyait toujours en butte aux persécutions eut à lutter contre des difficultés réelles et rudes pour accomplir la volonté du pape et achever son œuvre.

Si l'argent détourné par la guerre venait à manquer, il avait à faire face aux exigences de sa famille, qu'il soutenait courageusement, tout en l'accablant de récriminations. De loin en loin, le pape voulait voir un morceau de la voûte et, à la moindre résistance, il tonnait : « Veux-tu que je te fasse jeter à bas de tes planches? » Et chaque jour c'étaient les angoisses du cerveau tenaillé par l'interminable enfantement ; c'était aussi la torture physique du travail.

Plus tard Michel-Ange avait droit de dédaigner la peinture à l'huile, « ouvrage de femme, bon pour ceux qui aiment leurs aises ». Pendant les vingt-deux mois qu'il passa, de l'aube à la nuit, pour couvrir la voûte proprement dite, — sans les pendentifs, les lunettes et les arcades au-dessus des fenêtres, — il peignit couché sur un matelas. Lui-même a esquissé dans un sonnet moitié amer, moitié plaisant, sa caricature douloureuse dans les années où « la barbe en l'air », il menaçait de « gagner un goître », tant l'effort gonflait son cou. Alors « les gouttes de couleur qui tombaient du pinceau faisaient de son visage un riche pavement », bigarré comme celui qu'il voyait à vingt-cinq mètres au-dessous de lui par les fentes de l'échafaudage.

Sorti de la chapelle, — c'est lui-même qui le dit dans son sonnet, — il marchait au hasard, ne sachant plus regarder à ses pieds. Quand il eut achevé la voûte, il dut, pendant plusieurs mois, s'il voulait lire une lettre, la lever au-dessus de sa tête.

Pour rendre justice à l'effort et pour s'expliquer la douleur dont il a laissé pénétrées quelques parties de l'œuvre, il faut se représenter l'artiste étendu sous la voûte, comme l'astronome qui observe le ciel, et regardant face à face le Jéhovah dont il était le créateur. Il fallait sans doute cette géhenne dans la solitude de la haute chapelle pour que l'âme sublime et malade de Michel-Ange se remplît de ses hallucinations les plus formidables. Sans la Sixtine, sans la volonté obstinée de Jules II qui lia l'artiste à son échafaudage, de quelle œuvre et de quel héros de la pensée et de l'art eût été privée l'humanité !

CHAPITRE III

LES CHAMBRES DE JULES II

Jules II habita quatre ans l'appartement qu'Alexandre VI avait fait décorer par Pinturicchio. Mais au milieu de ces peintures magnifiques et joyeuses, sous ces voûtes aux arabesques d'or, il étouffait comme en un séjour de malédiction. Le 26 novembre 1507, le pape, dont chaque volonté était un acte, déclara tout haut qu'il ne supporterait pas plus longtemps la vue du Borgia hypocritement agenouillé devant le Christ[1]. Il résolut de s'établir au-dessus de l'appartement Borgia, dans les chambres qui avaient été occupées par le fondateur même du palais, Nicolas V. L'une de ces chambres était doucement illuminée par les fresques de Fra Angelico : elle fut respectée. Quant aux autres fresques du milieu du XVe siècle, que, d'après Vasari, des peintres ombriens avaient laissées dans l'appartement de Nicolas V, si vraiment elles ont été exécutées, elles disparurent sous la décoration nouvelle.

Jules II venait de lier Michel-Ange à l'œuvre de la Chapelle Sixtine. Pour un ensemble de peintures qui devait couvrir une superficie égale à celle des parois et des voûtes de l'appartement Borgia, il ne lui suffisait pas d'un Pinturicchio. A l'artiste qui venait d'achever la coupole de Santa Maria del Popolo, il joignit deux des peintres qui avaient travaillé pour son oncle Sixte IV, le Pérugin et Signorelli, et des maîtres venus de toutes parts : Sodoma, le disciple de Léonard de Vinci, Baldassare Peruzzi, élève de Sodoma, le Milanais Bramantino Suardi, aide de Bramante, le Vénitien Lorenzo Lotto et jusqu'à un Flamand obscur, Jan Ruysch. Pérugin, qui avait dépassé la soixantaine, se mit à l'œuvre ; il peignit la voûte de la chambre la plus voisine de la tour Borgia[2]. Ces médaillons sertis dans un lacis d'arabesques encadrent des figures qui représentent un sujet grandiose : les trois personnes divines et les apôtres en

[1] Voir le volume précédent, p. 157, fig. 100.
[2] La Chambre de l'Incendie du *Borgo*.

adoration autour de la Trinité. Les attitudes sont monotones et les visages fades ; mais le vieux maître, amoureux des couleurs pures, affi-
nées par l'opposition de leurs couleurs complémentaires, a donné à la
voûte basse et sombre l'éclat irisé des émaux. Dans la chambre voisine [1],
le Sodoma a exécuté sur la voûte des grotesques à fond d'or et quelques
grisailles. Si ces artistes avaient été laissés à eux-mêmes, l'appartement

Fig. 22. — La Justice. Fresque de Raphaël. Chambre de la Signature.

de Jules II eût été un nouvel appartement Borgia, avec une bigarrure de
couleurs et de style qui eût dépassé de loin celle des premières peintures
murales de la Chapelle Sixtine.

L'arrivée d'un jeune peintre d'Urbin, présenté sans doute à Jules II par
son compatriote Bramante, changea brusquement les projets du pape.
Dans cet artiste de vingt-cinq ans, déjà célèbre à Pérouse, où il avait
étudié sous la direction du Pérugin, à Florence où il avait recueilli les

[1] La Chambre de l'École d'Athènes.

exemples et les enseignements des plus illustres maîtres. Jules II, grand
connaisseur d'hommes, reconnut, dès les premières esquisses, un génie à
qui il pouvait remettre des tâches aussi vastes que celles qu'il avait impo-
sées à Michel-Ange. L'escouade des peintres de renom occupés au Vatican fut licenciée. Raphaël, maître de la place, établit son atelier dans
l'appartement de Jules II dès le mois de novembre 1508.

Fig. 23 — La Théologie. Fresque de Raphaël.

La chambre qu'il décora la première n'était pas destinée à l'habita-
tion. Le pontife y devait exercer une des fonctions de son ministère, celle
de justice, en présidant chez lui le tribunal dit de la Signature de Grâce.
A la mort de Jules II la première et la plus auguste des « Chambres de
Raphaël » était appelée par les familiers du Vatican la *Stanza della
Segnatura*[1].

[1] « Camera quæ est picta signaturæ sanctæ memoriæ Julii, » écrit en 1513 le maître
de cérémonies Paris de Grassis.

La Justice devait avoir sa place dans la décoration de l'étroite salle
où se réunissait le tribunal secret. Représentée par une jeune femme qui
tient la balance et lève l'épée, elle trône sur les nuées, dans l'un des
médaillons de la voûte, autour desquels se jouent les arabesques de
Sodoma (fig. 22). Mais à côté d'elle sont assises trois autres déesses :
la Théologie, couronnée d'olivier (fig. 23); la Philosophie siégeant sur

Fig. 24. — La Philosophie. Fresque de Raphaël.

un trône de marbre, dont les bras sont des statues de la mystérieuse
Diane d'Éphèse (fig. 24); enfin la Poésie aux grandes ailes d'ange
(fig. 25).

Cette assemblée des plus nobles œuvres de l'intelligence humaine,
personnifiées par des figures juvéniles et belles, a fait supposer que la
chambre ouverte une fois par semaine aux juges du tribunal pontifical
était une petite bibliothèque dont les pupitres réunissaient les œuvres
des juristes et des théologiens, des philosophes et des poètes. L'hypo-
thèse n'est confirmée par aucun témoignage ancien : elle est d'accord tout

au moins avec les fresques qui ont fait d'une petite chambre du Vatican
un temple des sciences humaines et divines.

Le thème indiqué dans les quatre médaillons se développe réguliè-
rement jusqu'aux lambris. Quatre compositions en camaïeu blond, placées
aux angles de la voûte, forment un premier commentaire en action des
idées représentées par les quatre figures allégoriques : à la Justice corres-

Fig. 25. — La Poésie. Fresque de Raphaël.

pond le jugement de Salomon ; à la Théologie, le couple d'Adam et d'Ève,
qui représente le dogme fondamental du Péché, origine de la Rédemption ; à la Poésie, Apollon et Marsyas, dont le groupe figure les victoires
de la pensée et de l'art sur le monde obscur de la matière. Pour la Philosophie, qui embrasse toutes les sciences naturelles et morales, elle ne
suggérait à l'imagination de l'artiste aucune scène enfermée dans les
lignes précises d'un bas-relief : Raphaël se contenta d'une nouvelle allé-
gorie, celle de l'Astronomie, qui domine les sciences, comme la science
du monde céleste.

Le développement du thème s'achève sur chacune des parois qui correspondent aux quatre compartiments de la voûte. Deux de ces parois étaient percées de fenêtres qui ne se trouvaient pas même en face l'une de l'autre et ne laissaient au peintre que des surfaces étroites et irrégulières. Raphaël a trouvé dans cette difficulté même un prétexte pour varier la composition de ses fresques.

Du haut de la voûte, la Justice abaisse son regard vers les trois Vertus, ses sœurs, groupées sous l'arcade qui surmonte l'une des fenêtres : la Force tient penché sur son épaule le chêne des della Rovere ; la Prudence a deux visages et sa chevelure féminine encadre un masque de

Fig. 26. — La Force, la Prudence et la Tempérance. Fresque de Raphaël

vieillard ; la Tempérance a pour attribut un mors avec sa bride (fig. 26). Au-dessous de ces allégories, qui continuent sur l'une des parois la série des grandes figures de la voûte, deux scènes, disposées des deux côtés de la fenêtre, rappellent des dates mémorables de l'histoire du droit civil et du droit canon : Justinien reçoit les Institutes des mains de Tribonien ; Grégoire IX remet les Décrétales à un avocat consistorial (fig. 27 et 28).

En face du Droit, représenté par de sévères tableaux de cérémonie, la Poésie est glorifiée dans un décor d'idylle. Plus d'allusion à la Papauté. La colline dont le sommet verdoyant s'arrondit au-dessus de la fenêtre est le Parnasse. Apollon qui, sur la voûte, assistait au supplice de Marsyas vaincu, est maintenant assis sur l'herbe et les fleurs, au bord de la source de Castalie. Le visage levé dans l'extase de l'improvisation, il joue d'une grande viole pareille à celle qu'employaient les virtuoses de la cour pontificale (fig. 29). Autour de lui les Muses et les poètes sont répandus sur la colline comme dans un jardin d'Éden. La musique divine, qu'ils

écoutent distraitement, semble l'accompagnement et le rythme de leur vie
bienheureuse. Près des sœurs divines, dont trois seulement portent leurs
attributs ordinaires, c'est à peine si quelques poètes ont été clairement
désignés par le peintre dans ce groupe d'élus. Homère est le seul qui

Fig. 27. — Justinien promulguant les Institutes. Fresque de Raphaël.

chante en suivant la viole d'Apollon. Derrière l'aveugle, un homme
en longue simarre, la tête couverte
d'un capuchon et ceinte de laurier,
montre le profil anguleux de Dante.
Le Florentin achève de gravir le
Parnasse ; Virgile, son guide, se
retourne pour lui montrer le dieu qui
règne sur ce Paradis des poètes. Plus
bas, Sappho s'accoude sur le cadre
même de la fenêtre qui semble percée
dans la montagne. A côté d'elle Pé-
trarque est debout, coiffé de son cha-
peron, sous la couronne de laurier
(fig. 29). Raphaël, qui a fait place
au droit ecclésiastique à côté du
droit romain, introduit dans un chœur
antique deux Italiens, dont l'un
représente la Somme des croyances
du moyen âge et l'autre les premières
aspirations de la Renaissance. Le
Parnasse, ainsi peuplé, s'élève comme
une cime neutre entre le monde antique et le monde chrétien.

Ces deux mondes s'opposent dans
les deux compositions qui se déve-
loppent aux pieds de la Philosophie
et de la Théologie. Ce sont les fresques célèbres sous des noms inexacts
et qui ne remontent point au temps
de Raphaël : l'*École d'Athènes* et la *Dispute du Saint-Sacrement*.

D'un côté, une foule s'agite ou se recueille, en proie au travail le plus
ardent de la recherche et de la spéculation. Cette assemblée de sages et de
disciples est réunie sur les degrés d'un édifice idéal, à l'entrée duquel
semblent veiller, comme les divinités tutélaires du temple, les statues

d'Apollon et de Minerve. Sous l'invocation de ces dieux, Raphaël n'a
pas exalté la raison païenne comme une rivale puissante et bientôt victorieuse de la foi chrétienne. Il a simplement traduit, avec une harmonie
de mouvements, une intensité de vie et une profondeur de pensée toutes
nouvelles, une conception familière à l'art italien du XIVᵉ et du XVᵉ siècle.

Fig. 28. — Grégoire IX promulguant les Décrétales.
Fresque de Raphaël.

Vers le milieu de la fresque un homme est assis, au premier plan, devant
les degrés. Plongé dans une méditation profonde, il est, au milieu des
grands penseurs, comme l'image virile de la pensée humaine, — le *Pensie-
roso* de Raphaël (fig. 31). Mais ce personnage en qui semblent se concentrer
les énergies diffuses dans les groupes n'a point reçu un rôle précis. Il ne
figure pas sur le carton original de « l'École d'Athènes », qui s'est conservé par un heureux hasard et qui est exposé dans la bibliothèque Ambro-

sienne de Milan. Raphaël l'a ajouté en terminant son œuvre, pour combler le vide qu'il avait laissé d'abord entre les deux groupes distribués
comme deux demi-chœurs en avant du temple de la science. C'est dans
ces groupes qu'il faut chercher l'intention première de l'artiste et son idée
directrice.

A la droite du spectateur, deux hommes dont l'un porte une couronne
et l'autre un bonnet doctoral tiennent tous deux des globes qui les dési-
gent pour des astronomes : le roi est Ptolémée ; le vieux mage peut être
Zoroastre (fig. 35). A côté d'eux, des enfants se pressent autour d'un vieillard chauve, qui, penché sur une tablette et le compas à la main, initie
ses jeunes auditeurs ravis aux harmonies de la géométrie : ce maître est
Archimède ou Euclide. A la gauche du spectateur, dans l'angle de la composition, un autre maître, appuyé sur un haut stylobate, enseigne la
grammaire à des enfants, dont l'un est porté dans les bras d'un
vieux pédagogue. Pythagore, assis au pied du stylobate et occupé à écrire
sur un grand registre, représente à la fois l'Arithmétique et la Musique.
Un Arabe en turban, qui se penche sur l'épaule du vieillard, est une allusion vivante aux chiffres cursifs ; un bel adolescent tient devant le maître
une tablette sur laquelle une figure, accompagnée de mots grecs, expose
la théorie des accords musicaux. Astronomie, Géométrie, Grammaire,
Arithmétique, Musique, ce sont les noms des jeunes femmes en robes de
princesses que Raphaël avait vues dans la bibliothèque du château
d'Urbin sur de somptueux tableaux de Melozzo de Forli, et que Pinturicchio avait peintes au Vatican même, dans une salle de l'appartement
Borgia. L' « École d'Athènes » est la réunion des « Arts libéraux » du
moyen âge devant un temple de la Renaissance.

Le *Quadrivium* est au complet ; il manque, pour achever le *Tri-
vium*, la Rhétorique et la Dialectique. L'homme debout devant Pythagore, et qui montre au savant un passage de son livre, ne saurait passer
pour un orateur. La Dialectique a ses représentants en haut des degrés
de l'édifice, parmi les philosophes, et la Rhétorique est remplacée par la
Philosophie, comptée au nombre des sciences et placée au-dessus d'elles.

Diogène demi-nu est étendu sur une marche. Au pied de la statue
d'Apollon, Socrate, avec son masque de Silène chauve et camus, compte
sur ses doigts les arguments de la Dialectique, devant des disciples dont le
plus attentif est le beau cavalier Alcibiade. Deux groupes immobiles,
rangés à l'entrée du temple, comme une garde d'honneur où jeunes gens
et vieillards se confondent, écoutent les paroles suprêmes prononcées par
les deux princes de ce royaume des esprits. Aristote et Platon sont debout

Fig. 29. — Le Parnasse.
Fresque de Raphaël.

côte à côte : à voir leur gravité religieuse, la barbe courte de l'un et la longue barbe blanche de l'autre, on les prendrait aisément pour les princes des Apôtres. Aristote étend la main vers la terre, théâtre des phénomènes; Platon montre du doigt le ciel (fig. 32).

Tous les mouvements qui parcourent la fresque viennent aboutir à ce geste culminant. Platon, le « divin », atteste solennellement que les sciences humaines ont leurs limites et qu'au-dessus d'elles, au-dessus de la Philosophie, reine des Arts libéraux, est élevé le trône de la Théologie.

La fresque qui achève la décoration de la chambre et qui semble la dominer est le Triomphe de la Théologie dans le Mystère de l'Eucharistie (fig. 33). Le titre donné à la composition, sans doute par une interprétation abusive du mot *disputa* (discussion), contenu dans la description de Vasari, est un véritable contre-sens. Point de lutte ni de trouble autour de l'ostensoir très simple posé sur la nappe de l'autel, devant l'horizon lumineux. Plus de recherche, plus de travail ardent, comme autour du calme groupe qui entoure Platon et Aristote.

Sur les degrés de l'autel et sur le pavé de marbre une foule se presse en demi-cercle. C'est à peine si au premier plan, vers la gauche du spectateur, deux hommes, penchés sur une balustrade, cherchent dans un livre des arguments pour résister à la Grâce. Les autres savent, parce qu'ils croient. Des deux côtés de l'autel, les quatre

grands docteurs de l'Église romaine sont assis sur la plus haute
marche : saint Jérôme tête nue, en robe de cardinal, son lion à ses
pieds ; saint Grégoire avec la tiare ; saint Augustin et saint Ambroise
avec la mitre. Dans la série de saints et de docteurs qui se développe à
droite du spectateur, depuis le groupe des deux saints Jean jusqu'au bord
de l'arcade, plusieurs personnages sont désignés à l'attention par leur
costume ou par les traits énergiquement dessinés de leur visage : Vasari

Fig. 30. — Apollon et les Muses. Détail du Parnasse. Fresque de Raphaël.

en a nommé plusieurs. La tête large et grasse de saint Thomas d'Aquin
apparaît entre saint Ambroise et un pape debout qui est Innocent III, le
plus puissant et le plus savant pape du moyen âge, l'auteur du traité de
la Messe. Saint Bonaventure, le cardinal franciscain, sépare du grand pape
du XIIIe siècle un pape au profil énergique et dur, qui n'est autre que
Sixte IV, l'auteur du traité eucharistique sur le Sang du Christ. Derrière
la chape de brocart qui tombe sur les épaules de l'oncle de Jules II
apparaît le masque de Dante, portant le laurier, non plus comme poète,
mais comme théologien universel : *Theologus Dantes, nullius dogma-
tis expers*. Un moine chauve passe pour représenter Scot Érigène.
Enfin, à côté d'un énorme massif de maçonnerie, Raphaël a peint Savonarole, sous le capuchon noir, d'après le saisissant portrait de Fra Barto-

lommeo qu'il avait vu à Florence. Tous, papes, évêques, franciscains,
dominicains, jeunes hommes ou vieillards anonymes s'unissent dans le
même acte de foi et d'amour. Les bouches sont closes, mais du fond des
âmes s'élève le chœur d'un solennel *Tantum ergo...*

Les docteurs et les pontifes ne voient que l'autel. Mais l'artiste a fait
rayonner au-dessus de l'assemblée la vision de gloire qui sera la récom-
pense des croyants. L'hostie brille à la limite de deux mondes. Le même

Fig. 31. — L'École d'Athènes. Fresque de Raphaël.

Christ, qui, sur l'autel, reste caché sous les saintes espèces, apparaît
dans le ciel, dans la pompe d'un Jugement dernier. Demi-nu, il montre ses
plaies, non pour accuser et maudire, mais pour rappeler le sanglant
sacrifice commémoré et continué par la messe. Comme dans les Jugements derniers du moyen âge, le Christ a près de lui les Évangiles,
représentés, non plus par les animaux ailés des prophéties et de l'Apocalypse, mais par des livres que tiennent dans les airs des anges enfants.
La Vierge s'incline devant son Fils et saint Jean-Baptiste montre l'Agneau
de Dieu : encore un souvenir des Jugements derniers peints dans le siècle
de Giotto. Au lieu des douze apôtres, assesseurs ordinaires du tribunal divin,
des personnages de l'Ancien et du Nouveau Testament alternent sur l'hé-

micycle de nuées. Saint Pierre et Adam sont assis l'un à côté de l'autre, comme dans le Paradis de Dante. Au-dessus du Christ, la colombe du Saint-Esprit descend vers l'hostie dans une nimbe de rayons. Au-dessus de l'arc-en-ciel constellé de têtes de chérubins, qui sert de dais au Rédempteur, Dieu le Père bénit son Fils et le Monde. Un chœur d'anges s'arrondit dans le ciel, parallèlement à l'assemblée des élus. Autour d'eux, au-dessus d'eux, une foule de Vertus célestes, dont les formes blondes semblent des nuages transparents, composent l'atmosphère vivante du ciel.

Fig. 32. — Platon et Aristote. Groupe central de l'École d'Athènes.

La chambre basse qu'illumine cette apothéose est placée immédiatement au-dessus de la chambre d'Osiris, où Pinturrichio a divinisé le bœuf des Borgia. Dans les fresques qui célèbrent le Droit, la Poésie, la Philosophie et la Théologie, les allusions aux della Rovere sont rares. Sodoma avait peint au milieu de la voûte le chêne-rouvre sur le champ d'azur de l'écusson papal ; Raphaël a mis l'arbre héraldique dans la main de la Force. Il a fait à Sixte IV, près de l'autel du Saint-Sacrement, une place dont l'oncle de Jules II n'était pas indigne, comme théologien de l'Eucharistie ; enfin il a donné à Grégoire IX les traits du pape qui devait rendre la justice dans la chambre de la Signature : Jules II porte la barbe qu'il laissa pousser dans l'hiver de 1509 (fig. 28). Ces détails personnels disparaissent dans l'ensemble des fresques. Il n'est pas d'œuvre d'art dont le thème soit plus étendu et plus universel. Les peintures qui unissent sur les quatre murs d'une chambre la décoration d'un palais de justice, celle d'une académie et celle d'un sanctuaire, s'adressent au monde entier, — *urbi et orbi*.

Une telle conception était digne du pape qui ne chercha sa gloire qu'en travaillant à la grandeur de la Papauté. D'après Paul Jove, c'est Jules II en personne qui avait donné le programme des fresques qui devaient décorer la Chambre de la Signature. Cependant pour construire des tableaux encyclopédiques tels que l'École d'Athènes et le Triomphe de la Théologie, il ne suffisait point de la volonté d'un pape qui n'était pas un savant. Raphaël a certainement mis à profit les conseils et les entretiens des

Fig. 33 — Le Triomphe du Saint-Sacrement. Fresque de Raphaël.

théologiens, des humanistes et des courtisans lettrés qu'il fréquentait à Rome : un Sigismondo dei Conti, un Phædra Inghirami, un Baldassare Castiglione. Mais tout ce que ses amis lui ont appris, ce que le pape même a pu lui imposer, Raphaël l'a traduit et ordonné avec la logique et la lucidité de son harmonieuse intelligence. Les idées qui remplissent de leur vol silencieux la chambre de la Signature ont traversé bien des esprits et bien des siècles ; la pensée qui unit et anime cette foule spirituelle est la pensée de l'artiste. Raphaël achève à Rome, au temps de Jules II, l'œuvre d'éclectisme enthousiaste qui avait été commencée dans la Florence de Laurent le Magnifique. Après Marsile Ficin et Pic de la Mirandole, il rapproche et concilie, dans un christianisme que le souffle de la

Renaissance a dilaté sans l'ébranler, la vérité et la beauté, la révélation et la raison, Justinien et Grégoire IX, Homère et Dante, Platon et saint Thomas d'Aquin, Apollon et le Christ.

L'art qui resplendit dans ce sanctuaire est, comme la pensée dont il est la forme visible, une vaste synthèse. Le XVe siècle avait glorifié sur les murs des palais l'assemblée des Arts libéraux : il n'avait pas conçu un ensemble comparable à ce Triomphe du Droit, de la Poésie, de la Philosophie et de la Théologie. Raphaël est revenu aux grandes encyclopédies que Giotto, l'ami de Dante, avait traduites en images, comme des Divines Comédies de la peinture. Il a recherché jusqu'au symbolisme des couleurs, tel que l'avaient formulé les scolastiques. Au-dessus des figures assises des quatre Vertus cardinales, les trois couleurs des Vertus théologales, — le blanc de la Foi, le vert de l'Espérance, le rouge de la Charité, — brillent sur le voile, le manteau et la tunique de la Théologie. Les quatre éléments ont coloré des pieds au col le vêtement de la Philosophie, mère des sciences : la terre est représentée par l'étoffe brune ornée de plantes, la mer par les poissons nageant sur un fond vert, le feu par le rouge où flamboient des salamandres, le ciel par le bleu semé d'étoiles (fig. 24). Raphaël a témoigné lui-même de son respect pour les « giottesques », en donnant place dans le triomphe du Saint-Sacrement au dernier et au plus grand d'entre eux, au moine qui avait travaillé avant lui au même étage du Vatican. Fra Angelico, placé à la gauche du spectateur, dans l'angle de la fresque, fait pendant à un autre dominicain, Savonarole. Son œil d'artiste et de saint voit ce qui reste caché aux docteurs et aux pontifes : seul de toute l'assemblée, il lève le front et contemple face à face le Dieu de l'Eucharistie (fig. 33).

Tout en renouant la tradition de l'art plein de pensée dont les maîtres du XVe siècle avaient été distraits par le spectacle de la nature et de la vie, Raphaël ne dédaigne pas de placer dans ses compositions quelquesuns de ces portraits de contemporains qui encombrent les fresques de la chapelle de Sixte IV. Botticelli et le Pérugin s'étaient peints complaisamment près de Moïse et du Christ ; de même Raphaël a peint, dans un coin de la fresque de l'École d'Athènes, à côté de Ptolémée, son visage doux et long, encadré dans les cheveux châtains ; devant lui se montre un homme moins jeune, à la face réjouie (fig. 35). Ce n'est point le Pérugin, comme on l'a dit longtemps ; c'est peut-être le Sodoma, qui avait commencé, quelques mois avant Raphaël, la décoration de la chambre. Près de ces deux portraits, le géomètre qui penche vers la terre son front chauve est Bramante (fig. 31). Dans la cérémonie de la promulgation des Décrétales, deux cardinaux soutiennent la chape du pontife qui a les traits de Jules II ; l'un, jeune et fleuri, est Giovanni de Médicis, qui succédera au pape régnant sous le nom de Léon X ; l'autre est peut-être Giuliano de Médicis, qui sera Clé-

Fig. 34. — La Sainte Trinité. Groupe central du Triomphe du Saint-Sacrement.

ment VII (fig. 28). Derrière Justinien, les juristes assemblés portent la simarre et le bonnet fourré des avocats de Saint-Pierre (fig. 27).

Cependant la plupart de ces portraits jouent un rôle dans l'assemblée où ils sont introduits : Jules II, en donnant les Décrétales, semble présider le tribunal de la Signature, et deux cardinaux sont à leur place dans un acte solennel de la vie de Grégoire IX. En dehors des portraits de

savants, les seuls personnages qui revêtent des costumes portés au temps
de l'artiste sont les ecclésiastiques. Mais la chape ou la bure, la tiare ou
la mitre appartiennent à la tradition et au passé. Le plus grand nombre
des hommes qui composent les assemblées des poètes, des philosophes ou
des docteurs sont drapés à l'antique dans des étoffes dont la couleur est
pauvre et les plis magnifiques.

Fig. 35. — Zoroastre et Ptolémée. Portrait de Raphaël et de Sodoma.
Détail de l'École d'Athènes.

L'un des maîtres de Florence dont Raphaël apportait à Rome les enseignements, Fra Bartolommeo, qui, pour obéir à Savonarole, s'était détourné
du spectacle de la vie, avait retrouvé le secret des amples draperies, perdu
depuis Masaccio. Mais sous les larges plis dessinés par le dominicain,
l'architecture des corps était pauvre. Raphaël qui, dès l'atelier du Pérugin,
étudiait le nu négligé par son maître, avait appris à Florence, avec d'autres
maîtres, à adorer la beauté du corps humain. Moins curieux de dissection
que Michel-Ange, moins savant en anatomie que Léonard de Vinci, il ne
cessait de dessiner d'après le modèle vivant. Sur une étude importante

pour le Triomphe du Saint-Sacrement, qui se trouve à l'institut Staedel de
Francfort, les docteurs dont le groupe doit composer une partie de l'assemblée sont dessinés nus : Raphaël a fait poser dans les attitudes re-
quises quelques-uns des apprentis qui travaillaient avec lui. Grâce à ces
préparations attentives, chaque personnage est construit sous le vêtement
comme un athlète ; toute figure vêtue est un nu drapé.

Fig. 36. — Fresques de Baldassare Peruzzi, sur la voûte de la Chambre d'Héliodore.

A tous ses personnages, sauf à son propre portrait et à deux figures
de dignitaires ecclésiastiques debout derrière Jules II et les cardinaux
de Médicis, Raphaël donne un rôle dans le poème ; à chacun il assigne
sa place dans l'action.

Le monde idéal des allégories n'est plus mêlé à la foule humaine,
comme dans les fresques de Pinturicchio, qui assemblait au pied
du trône des Arts libéraux leurs favoris et leurs courtisans. Dans la
chambre de la Signature, les quatre déesses qui personnifient les travaux
de l'esprit trônent sur la voûte, comme au milieu des nuées, et les trois

Vertus sont assises au-dessus d'une fenêtre. Juristes et poètes, philosophes et théologiens, sont rangés près du pavement où marchent les spectateurs.

Ces hommes n'ont plus la placide ou fière indifférence que conservent d'ordinaire les personnages d'un Ghirlandajo ou d'un Signorelli. Ils ne vivent point seulement par le corps, mais par l'esprit. Beaucoup d'entre eux, même ceux qui n'ont point de nom, pensent et veulent avec une énergie dont tout leur corps est l'interprète. Les quatre docteurs de l'Église assis au pied de l'autel forment un groupe intellectuel ; les enfants qui se pressent autour du géomètre au front chauve composent la famille d'un père spirituel. Il est de ces figures qui, sans avoir de personnalité propre, conduisent un chœur et lui impriment un mouvement : dans la fresque de l'École d'Athènes, les jeunes gens qui sortent impétueusement de la coulisse accentuent l'agitation qui règne aux bords de la scène et, par contraste, l'immobilité sereine du groupe central. Dans le Triomphe de l'Eucharistie, l'attraction mystérieuse exercée par le Sacrement d'amour est indiquée par la radieuse figure du jeune homme qui se détache du groupe incrédule et veut l'entraîner vers la Foi. Ces personnages anonymes, qui sont des mouvements vivants, s'opposent quelquefois par groupes alternés d'une moitié à l'autre de la composition ou même d'une fresque à l'autre. Le double geste d'Aristote et de Platon a son écho sur la paroi opposée, dans le geste de deux vieillards, dont l'un, la tête baissée, indique l'Autel, et l'autre, le front haut, montre le Paradis.

Giotto avait connu ces harmonies du mouvement et de la pensée qui donnent à l'art plastique une richesse musicale. Le XVe siècle les avait oubliées. Mais, avant Raphaël, un artiste, qui fut le plus grand penseur de la Renaissance, avait donné la théorie et l'exemple des belles formes soumises au rythme des passions vives et des grandes pensées. Devant le Triomphe du Saint-Sacrement, ce concert éveillé par une note unique qui, tintant sur l'hostie d'argent, vibre d'âme en âme, il faut évoquer la Cène de Milan, où le mot du Christ, — « l'un de vous me trahira ». — est pour chacun des caractères, dans la suite des Apôtres, une épreuve soudaine. Peut-être Raphaël, en composant sa fresque, se souvenait-il de ces mots de Léonard, consignés dans le *Traité de la Peinture* : « Tous ceux qui se trouvent présents à quelque accident digne de remarque donnent divers signes d'admiration, comme lorsque la justice fait punir les criminels, ou si le sujet est de piété, tous les assistants lèvent les yeux avec différentes marques de dévotion vers cet objet, comme à l'élévation de l'hostie pendant la messe. »

Si Raphaël a dû beaucoup à Léonard pour la connaissance de la
mimique et de l'expression, il s'est élevé au-dessus de ses prédécesseurs
et de ses contemporains, en donnant au décor de ses grandes scènes une
ampleur et une profondeur nouvelles. Dans les fresques de Giotto, la toile
de fond et les portants, rochers, arbres ou « fabriques », sont aussi naïve-
ment simplifiés que dans la mise en scène des Mystères. Au moins les
lignes simples de l'architecture ou du paysage sont-elles en harmonie

Fig. 37 — Le miracle de Bolsène. Fresque de Raphaël.

avec la silhouette des groupes. Les peintres du XV⁰ siècle ont agrandi le
paysage, mais ils le présentent, derrière un premier plan étroit, à la
manière d'un panorama, dont la ligne d'horizon s'élève bien au-dessus
des principaux acteurs. Dans les fresques alignées sur les murs de la
chapelle Sixtine, il n'y a aucune cohésion entre le drame et le décor. A
Florence, Fra Bartolommeo est l'un des premiers qui aient groupé symétriquement les saints sur les marches d'un trône et dans le cadre d'une
niche triomphale. Raphaël va bien plus loin. Pour lui, l'espace qui sert
de théâtre aux figures humaines n'est plus un simple cadre : il semble
participer à la pensée et à la vie des acteurs dont il est inséparable.

Dans le Triomphe du Saint-Sacrement, la ligne d'horizon passe exactement au point marqué par l'hostie (fig. 33) ; dans l'École d'Athènes, elle coupe à mi-corps les figures de Platon et d'Aristote (fig. 31). Les lignes tracées sur le pavement conduisent l'œil du spectateur vers le centre idéal, qui est placé, non seulement au milieu de la composition, mais au fond. Les plans sont orientés par rapport au point central, à l'horizon qui est à la fois réel et rationnel. Les trois demi-cercles parallèles que décrivent, dans le Triomphe du Saint-Sacrement, les trois groupes superposés des croyants, des élus et des anges, sont dessinés comme les verrait un spectateur dont l'œil serait placé à la hauteur de l'hostie. Dans l'École d'Athènes, les groupes sont disposés de manière à diriger les regards vers le groupe central, comme des gradins vivants.

Cette fresque tout entière, les hommes aussi bien que les piliers et les voûtes, fait penser à une architecture puissante et classique, calculée par un savant qui serait aussi un peintre et un poète. Comment Raphaël est-il arrivé à composer, avec des figures humaines, une « musique » et une « géométrie » pareilles à celles que les Grecs admiraient dans les proportions d'un temple et d'une statue? Il a suivi les leçons de Bramante, son compatriote et son ami. Le temple qui s'élève derrière les groupes harmonieux de l'École d'Athènes et semble leur prêter le rythme de ses lignes est aujourd'hui la seule image fidèle de l'intérieur de Saint-Pierre, selon le projet primitif. Dans le Triomphe du Saint-Sacrement, le bloc de maçonnerie qui sort de terre, à droite du spectateur, est un pilier de la basilique de Bramante. Ces détails sont significatifs. En imaginant ce qu'on peut appeler la « composition dans l'espace », le peintre a appliqué à son art les principes actifs des projets du grand architecte.

Giotto, Léonard, Bramante, tels sont les noms qui font cortège, dans la Chambre de la Signature, au nom de Raphaël. Pérugin, le vieux maître, qui vient de peindre la voûte dans la chambre voisine, est presque oublié ; les vierges glorieuses qui président à l'assemblée des légistes, des poètes, des philosophes et des théologiens, ont gardé la candeur des madones ombriennes, mais n'ont plus leur naïveté. Depuis son adolescence Raphaël a été attentif à toutes les leçons, à tous les exemples. Il se les est assimilés avec une facilité unique, et la vaste synthèse réalisée dans la Chambre de la Signature est si aisée qu'elle semble la floraison spontanée d'un génie universel.

Raphaël achève la Chambre de la Signature en 1511 : c'est l'année où Michel-Ange, après avoir terminé la voûte de la Sixtine, s'attaque aux pendentifs des angles. La distance entre les âges des deux [illisible] est

que de huit ans. Mais quelle différence entre leurs génies et leurs âmes !
L'un s'enferme sous l'énorme voûte, seul avec sa Bible ; l'autre s'entoure
de jeunes peintres, écoute les avis des dignitaires et des savants, se mêle
aux hommes de cour. L'un, à mesure qu'il avance dans son œuvre, chasse
de son souvenir et les œuvres d'autrui et ses œuvres passées, pour tirer
de ses entrailles un monde formidable ; l'autre résume dans une chambre
du Vatican deux siècles de
l'art italien. Et tandis que
Michel-Ange peine de tout
l'effort de son âme ulcérée et
de son corps torturé, Raphaël
esquisse de sa plume légère
quelques figures pour le
Triomphe du Saint-Sacre-
ment sur plusieurs feuillets,
au revers desquels il a écrit
des sonnets d'amour[1].

Fig. 38. — Portrait de Jules II dans la fresque
du miracle de Bolsène.

Le programme rempli par
Raphaël dans la décoration
de la chambre de la Signature était si vaste et si complet qu'il lui était difficile de
reformer un nouveau cycle
d'allégories et de Triomphes
lorsqu'il passa dans la chambre voisine, celle qui est
appelée la *Stanza d'Elio-
doro*, d'après la fresque qui attire tout d'abord le regard. D'ailleurs
les temps avaient changé. En 1510 Jules II avait fait la paix avec Venise
pour se tourner contre les Français et rendre à l'Italie tout ce que lui
avaient pris les « Barbares ». En 1511, il avait traversé une période de
revers graves et une crise de fièvre qu'il ne vainquit que par un miracle
d'énergie. La statue colossale du pape, érigée par Michel-Ange au-dessus
du portail de la cathédrale de Bologne, avait été jetée bas sur le parvis,
et avec le bronze Bentivoglio avait fait fondre une bombarde appelée par
dérision la *Giulia*.

---

[1] Trois de ces feuillets sont à Oxford, un quatrième à l'Albertina de Vienne, un
cinquième à Montpellier, au Musée Fabre.

L'autorité spirituelle du pontife était menacée en même temps que son pouvoir temporel : des menaces de schisme grondaient en Allemagne et même en France. Le vieillard vaincu était livré à la caricature et à la farce. Louis XII faisait jouer aux Halles une moralité composée par Pierre Gringoire, où l'Église jouait le rôle de Mère sotte, et où « l'Homme obstiné », — en qui le peuple de Paris reconnaissait Jules II, — avait pour compagnes Simonie et Hypocrisie.

Raphaël répondit à Gringoire. Il n'était plus question de s'égarer sur le Parnasse, d'écouter les voix calmes qui montaient sous les voûtes de l'École d'Athènes ou d'adorer les mystères. Les fresques de la nouvelle chambre furent conçues d'abord comme un appel au Dieu des Armées.

Un dessin du Louvre laisse entrevoir un projet d'Apocalypse : Dieu le Père volant au-dessus d'un autel, tandis qu'un ange s'apprête à verser une coupe de feu sur la terre où Jules II prie agenouillé. Tandis que Raphaël préparait ses esquisses pour les grandes compositions des parois, Baldassare Peruzzi, l'élève de Sodoma, peignit la voûte. Il y représenta les apparitions de Jéhovah, dont chacune était une promesse de salut pour le peuple élu et pour ses chefs : le Sacrifice d'Abraham, Noé conduit par Dieu vers l'arche, l'Échelle de Jacob et le Buisson ardent (fig. 36). C'était une suite des grandes scènes que Michel-Ange avait peintes dans la chapelle Sixtine, aux angles de la voûte.

Peruzzi ne les avait pas vues sans doute, lorsqu'il décora la voûte de la chambre d'Héliodore, mais en 1511 il avait dû être admis avec les dignitaires de la cour pontificale à contempler les scènes de la Genèse et l'assemblée des prophètes. Il emporta l'obsession du monde surhumain tout à coup révélé, comme sur un Sinaï; il continua le cycle biblique de la chapelle dans l'appartement du pape, en imitant servilement les groupes gigantesques sortis vivants du génie de Michel-Ange et leur mouvement de nuée chassée par le vent[1]. Sans doute Raphaël lui-même, s'il eût peint le Dieu vengeur dans la tempête de l'Apocalypse, se serait souvenu du Jéhovah de la Genèse. Mais avant qu'il eût mis la main aux pinceaux, le programme fut modifié par les événements.

Après la bataille sanglante et stérile de Ravenne, où Gaston de Foix avait trouvé la victoire et la mort, toute l'Italie du Nord, avec l'aide des Suisses, s'était soulevée contre les Français. Un concile réuni au Latran, le 5 mai 1512, avait rallié les forces de l'épiscopat. Le 27 juin, le pape

[1] L'écusson sculpté à la clef de cette voûte et visible (à l'envers) sur la figure est encore celui de Nicolas V, le constructeur du palais, et non celui de Jules.

expédiait dans toute la chrétienté des brefs qui célébraient la délivrance
de l'Italie et du Saint-Siège. Les peintures qui couvrirent les quatre
parois de la chambre où travaillait Raphaël furent des actions de grâces.

La composition apocalyptique, esquissée tout d'abord, se transforma
complètement. Au-dessus d'une fenêtre Jules II fut représenté à genoux
devant un autel qui n'était plus environné d'anges menaçants, mais sur
lequel un prêtre célébrait la messe (fig. 37 et 38). Le pontife regarde impas-

Fig. 39. — La délivrance de saint Pierre. Fresque de Raphaël.

sible; derrière le prêtre, les acolytes et les assistants se soulèvent d'un
élan. Un miracle vient de s'accomplir : celui qui avait eu lieu au XIIIe siècle,
à Bolsène, dans la jolie petite ville voisine du lac toscan, pour la confusion
et le salut d'un prêtre étranger qui doutait de la présence réelle : au
contact de l'hostie, le corporal immaculé s'est teint de sang.

Pourquoi ce miracle ancien a-t-il été rappelé dans l'appartement de
Jules II ? Le pape avait une dévotion spéciale pour le linge miraculeux
de Bolsène : en 1506, au moment où il partait pour sa première expédi-
tion militaire, il avait visité la cathédrale d'Orvieto, élevée comme une
châsse de marbre et d'or pour abriter la relique tachée du sang divin.

Peut-être Jules II avait-il fait alors un vœu dont il se souvenait après les dangers passés et la paix enfin conquise. Le groupe des officiers suisses, à genoux près du trône pontifical, donne au tableau l'allure d'un *ex-voto* de victoire.

Cette fresque, la première qui ait été peinte dans la chambre d'Hélio-dore, après la décoration de la voûte, se rattache encore par son sujet et par ses détails au cycle développé dans la Chambre de la Signature. Le miracle de Bolsène est un miracle de l'Eucharistie. Raphaël a placé l'autel au milieu de la composition, comme dans le Triomphe du Saint-Sacrement : pour y parvenir, il a dû tenir compte de l'ouverture de la la fenêtre, qui n'occupait point le milieu de la paroi, et faire avancer les gradins de côté où le pape est agenouillé. Derrière l'autel s'élèvent les pilastres et les colonnes d'un édifice voûté, aussi solennel que le temple de la Philosophie. Les portraits du pape et des officiers font penser au groupe du pape et des cardinaux, sur le panneau consacré au Droit canon. La fresque de la messe de Bolsène ne diffère des fresques de la chambre voisine que par le coloris, moins blond et moins calme, et comme échauffé par un reflet des rouges vénitiens. C'est bien de Venise qu'est venue l'influence nouvelle qui a séduit le génie mobile de Raphaël. En 1511, un élève de Giorgone, Sebastiano Luciani, avait été attiré à Rome par le banquier siennois Agostino Chigi. Il y devait recevoir, vingt ans plus tard, la charge lucrative de maître du sceau qui était imprimé sur les plombs suspendus aux bulles, — d'où son surnom de Sebastiano del Piombo. Il devint par la suite pour Raphaël un adver-saire acharné, lorsqu'il eut subi l'ascendant de Michel-Ange. Mais tout d'abord il se lia d'amitié avec le jeune peintre qui faisait la loi à la cour de Jules II. Les deux artistes réagirent l'un sur l'autre avec une rapidité et une intensité extraordinaires. Certains portraits de Sebastiano ont passé jusqu'à notre temps pour des portraits de Raphaël. De son côté Raphaël dut au Vénitien la révélation du coloris chaud et ambré, qu'il rechercha ardemment pendant les deux ou trois ans où il travailla dans la Cham-bre d'Héliodore. Le portrait de Jules II, peint à l'huile, qui est de ce temps et qui, après avoir décoré l'église des della Rovere, Santa Maria del Popolo, se trouve aujourd'hui à Florence, au Palais Pitti, est un chef-d'œuvre de Raphaël qui a la richesse d'un Titien.

Comme il fit presque à chaque étape de sa carrière, Raphaël dépassa celui qu'il venait d'imiter. Après les prestiges de la couleur, il voulut saisir les jeux de la lumière et de l'obscurité. Sur la paroi qui fait face à la Messe de Bolsène, il a cherché, avec une audace que seuls les Fla-

mands avaient eue avant lui et que le Corrège n'aura que dix ans plus
tard, à peindre un effet de nuit. L'ombre est épaisse autour de quelques
lueurs vives : l'auréole d'une apparition, derrière la grille d'un cachot,
le croissant de la lune découpé sur le ciel noir, les reflets qui jaillissent
des armures de soldats (fig. 39).

Cette scène nocturne est la Délivrance de saint Pierre, conduit hors
de sa prison par un ange, au milieu des gardes endormis ou aveuglés.
L'église romaine de San Pietro in Vincoli (Saint-Pierre aux Liens) était

Fig. 40. — Héliodore chassé du Temple. Fresque de Raphaël.

celle dont Jules II avait porté le titre, lorsqu'il était cardinal ; c'est lui
qui avait fait fondre par un florentin inconnu la porte de bronze du
tabernacle destiné à renfermer les chaînes de l'apôtre. Le 23 juin 1512,
après la retraite des Français, il alla en grande pompe s'agenouiller
devant ce tabernacle. C'est alors sans doute que Jules II eut l'idée de
faire peindre au Vatican la légende qui devait être pour tous une image
de la Papauté délivrée de ses adversaires.

Les deux fresques qui se font face sur les deux parois les plus larges
de la salle représentent encore deux miracles sauveurs, l'un du temple de
Jérusalem, l'autre de la ville de Rome. Jules II se souvenait sans doute
de la fresque de la Chapelle Sixtine où le désastre des Égyptiens, noyés
dans la mer Rouge, faisait allusion à une défaite des ennemis de Sixte IV,
lorsqu'il fit peindre dans une chambre de son appartement la scène qui

a donné son nom à cette chambre : Héliodore chassé du temple par les
anges. Le trésorier du roi de Syrie Séleucus, envoyé pour ravir les
trésors du Saint des Saints, est jeté à terre, selon le texte du livre des
Macchabées, par l'apparition soudaine d'un cavalier couvert d'or et de
deux jeunes gens éclatants de force et de gloire. Ce coup de la colère
divine, qui frappe un sacrilège confiant dans les intelligences qu'il
s'était ménagées jusque dans le Temple, rappelait à Jules II la victoire
remportée sur les ennemis de l'intérieur, sur les cardinaux qui avaient
réuni le concile schismatique de Pise, au moment où les armées françaises
avançaient à travers l'Italie. Pour préciser l'allusion, le pape se fit sa place
dans la scène biblique. Laissant la prière au grand prêtre agenouillé
dans les profondeurs du temple, Jules II posa sur la *sedia* des jours
solennels, le regard fixé sur le groupe tumultueux du coupable et des
vengeurs (fig. 40). D'un côté de la fresque, un tourbillon vivant ; de l'autre,
dominant un groupe de figurants agité par le choc en retour, le pape immo-
bile. Où sont les paisibles harmonies de la Chambre de la Signature ?
Raphaël multiplie les contrastes, dans les mouvements, dans les expres-
sions, dans les jeux de lumière. L'espace joue, comme les groupes, son
rôle dans le drame. Devant les profondeurs du temple, un vide est laissé,
au milieu même de la fresque : il a été fait par le passage foudroyant
des anges tombés du ciel sur le coupable.

La fresque qui fait face au châtiment d'Héliodore contient une
allusion plus directe encore au triomphe de Jules II. Le peintre a
laissé la Bible pour l'histoire des papes. Attila chevauche à la tête de
son armée, dans un tumulte d'étendards, de trompettes, de coursiers
cabrés, de cavaliers écaillés de fer à la façon des cataphractaires de la
colonne Trajane. Mais le conquérant va reculer, comme les « Barbares »,
après la mort de Gaston de Foix. Voici que s'avance vers lui, au pas de
sa haquenée blanche, le pape Léon le Grand, suivi des cardinaux montés
sur de paisibles mules et précédé de son porte-croix. La légende plaçait
l'entrevue du roi des Huns et du pape aux environs de Mantoue : Raphaël
l'a placée aux portes de Rome. Dans les airs, au-dessus du pape, les
deux apôtres protecteurs de la ville apparaissent à Attila : saint Pierre a
les clefs dans la main gauche ; de la droite il tient l'épée, comme saint
Paul. Le peintre a prodigué les oppositions dramatiques dans cette
fresque plus encore que dans la précédente. Il a fait lutter, en même
temps que la force et la foi, l'ombre et le jour. Une nuée d'orage suit
la marche de l'invasion, pareille à un vol de sauterelles. Au-dessus
de Rome, défendue par les Apôtres, le ciel est clair.

Un croquis d'Oxford, première esquisse de la fresque d'Attila, prête au pape Léon le visage de Jules II. Sur la fresque, le pape est gras et imberbe ; il a pris les traits de Léon X, qui monta sur le trône pontifical avant que Raphaël eût mis la dernière main aux peintures de la Chambre d'Héliodore.

Jules II avait réuni les plus grands maîtres de l'art et leur avait commandé des œuvres dignes d'eux et de lui. Il n'en vit complètement

Fig. 41. — Rencontre de saint Léon et d'Attila. Fresque de Raphaël.

achevée qu'une seule, la voûte de la chapelle Sixtine, sous laquelle il célébra la messe quelques mois avant sa mort. Les quatre chambres de son appartement ne furent entièrement décorées qu'au temps de son successeur. La coupole de Saint-Pierre ne fut élevée sur les piliers de Bramante que cinquante ans après la mort de l'architecte. Le tombeau qui avait été le premier des grands projets du pape ne se composait au jour de sa mort que de quelques statues ébauchées. Il fallut déposer le cercueil de Jules II dans le tombeau de son oncle Sixte IV, sous le lit de bronze noir ciselé par Pollajuolo. Michel-Ange devait lutter pendant quarante ans autour du mausolée commencé en 1506 : cette œuvre fut, suivant le mot de Condivi, la tragédie de sa vie.

Le tombeau ne put trouver place dans l'abside de la grande basilique de Saint-Pierre, encore ouverte à tous les vents. Il fut question de l'église familiale des della Rovere, Santa Maria del Popolo. Enfin les héritiers de Jules II, dont le principal était le duc d'Urbin, se décidèrent en 1532 pour San Pietro in Vincoli, qui avait été l'église cardinalice de Jules II.

Le monument qui fut adossé en 1545 à l'une des parois latérales de l'église n'avait plus la majesté du projet conçu dans la jeunesse de Michel-Ange. Sur les quarante statues d'abord prévues, plusieurs avaient été ébauchées ou presque achevées qui ne trouvèrent point place dans le monument rétréci et appauvri. Quelques figures d'esclaves, commencées à Florence pour le tombeau, dans les années qui suivirent la mort de Jules II, ne sont pas sorties de leur gangue de marbre ; elles ont été scellées comme des rochers dans une grotte du jardin Boboli, derrière le palais Pitti. Deux statues presque achevées, qui représentaient deux prisonniers, l'un soulevé dans une dernière révolte, l'autre succombant au sommeil qui verse l'oubli, furent données par Michel-Ange à un Strozzi qui les apporta en France. Après avoir décoré deux niches du château bâti à Ecouen par le connétable Anne de Montmorency, elles ont trouvé place au Louvre. Rien, dans le monument de San Pietro in Vincoli, ne rappelle ces jeunes gens, aussi beaux, dans leur héroïque désespoir, que les *ignudi* de la Chapelle Sixtine. L'architecture est médiocre et bizarre : la statue demi-couchée du pape, que Michel-Ange a abandonnée à ses élèves, est une imitation maladroite et contournée des statues de cardinaux sculptées à Santa Maria del Popolo par Sansovino. Autour de cette effigie médiocre, les statues allégoriques sont réduites au nombre de six. Trois ont été sculptées par Raffaele de Montelupo. Celles du soubassement sont l'œuvre de Michel-Ange. Mais, sans le témoignage formel de documents, qui reconnaîtrait la main du maître dans ces deux figures de femmes, destinées à représenter, sous les traits de Lia et de Rachel, la vie active et la vie contemplative? Michel-Ange les a achevées d'une main lasse, à l'âge de soixante-dix ans.

Entre ces deux créatures sans vie, un géant apparaît, comme un revenant d'un autre âge. Seul entre les statues de San Pietro in Vincoli, le Moïse avait sa place marquée dans le monument funéraire et triomphal qui devait s'élever derrière l'autel de la basilique de Saint-Pierre. Le patriarche, trop grand pour le mausolée rapetissé, a la taille des prophètes

rangés autour de la Genèse; il porte les braies du Jérémie. Michel-Ange
a certainement ébauché le Moïse dès qu'il fut descendu de la Sixtine, —
quelques jours peut-être avant la mort de Jules II. L'âme indomptable

Fig. 42. — Moïse, statue colossale de Michel-Ange, faisant partie du mausolée de Jules II,
à San Pietro in Vincoli.

du pontife « terrible » semble avoir passé dans le marbre du sculpteur
« terrible ».

Le Moïse achève le groupe des œuvres conçues à Rome dans les dix
ans de pontificat qui ont fait du Vatican l'un des sommets de l'art. Pour
que de telles œuvres pussent éclore, peut-être n'a-t-il pas suffi de la
volonté du plus grand pape qui eût porté la tiare depuis le XIIIe siècle

et de la rencontre des plus grands maîtres qui eussent jamais paru depuis l'ère chrétienne : il a fallu sans doute le sol rempli d'histoire et l'atmosphère d'épopée que les penseurs et les artistes trouvaient à Rome, après la Renaissance de l'antiquité et les derniers triomphes de la Papauté. La voûte de la Chapelle Sixtine, la Chambre de la Signature, peintes par un Florentin et par un Urbinate, ont une grandeur romaine. Il faut remonter à l'Empire pour rencontrer les monuments que Bramante prétendait égaler, lorsqu'il dessinait les plans de Saint-Pierre.

Mais si la vraie grandeur d'une œuvre d'art est moins dans la masse des matériaux que dans l'étendue et dans la hauteur des pensées ou des émotions dont elle est l'expression et la source, qu'est-ce que les débris des temples romains, les arcs de triomphe des Césars et la colonne Trajane, comparés aux fresques de Michel-Ange et de Raphaël ? L'art impérial ne glorifiait qu'un homme et qu'un régime. L'art pontifical, tel que Jules II l'a créé dans son palais, fut universel, comme l'était encore l'empire de la pensée chrétienne, formulée par l'Église romaine. Jamais Rome, dans les vingt siècles de son histoire, n'avait ainsi dominé en souveraine sur le monde des formes et des idées.

CHAPITRE IV

LE RÈGNE DE RAPHAËL

Fig. 43. — Écusson de Léon X, sur la bordure
d'une tapisserie dessinée par Raphaël.

Le pape qui succéda à Jules II a été un heureux. Fils de Laurent le Magnifique, élevé parmi les trésors des Médicis, pourvu d'un archevêché à sept ans, envoyé à Rome avec le chapeau de cardinal à quatorze ans, pape à trente-huit ans, Léon X a connu, après sa vie, les faveurs de l'histoire. Cependant il n'eut ni les hautes ambitions, ni l'énergie fiévreuse du vieillard que la mort venait d'abattre. Le contraste des deux âmes se lit dans les portraits des deux papes, tous deux peints par Raphaël et réunis à Florence, au palais Pitti. Non loin de Jules II, seul, fortement appuyé sur le trône pontifical et le regard toujours menaçant, Léon X vêtu de soie et de dentelles, est assis entre deux cardinaux jeunes comme lui. Le peintre a caractérisé aussi franchement qu'un envoyé de Venise ou de Ferrare les yeux ronds, le visage gras, toujours humecté de sueur, la bouche épaisse et gourmande. Il a placé sur la table de travail, à portée des mains blanches et grasses, une sonnette d'or d'un travail précieux, une loupe de collectionneur, un manuscrit aux nobles enluminures. C'est bien le curieux et le voluptueux qui écrivait, en annonçant son élection à son frère : « Jouissons de la Papauté, puisque Dieu nous l'a donnée. »

Le nouveau pape était étroitement attaché à sa famille, dont une armée espagnole venait de restaurer le pouvoir dans la dernière année du pontificat de Jules II. Après avoir laissé Michel-Ange travailler pendant deux ans, près de Saint-Pierre, au tombeau du pape défunt, Léon X l'envoya à Florence, pour faire œuvre d'architecte. Il s'agissait d'élever une façade monumentale devant l'église des Médicis, San Lorenzo, que Brunelleschi avait laissé inachevée. Cette entreprise fut pour Michel-Ange l'occasion de nouveaux déboires. En 1519, avant d'avoir commencé la construction de la façade dont il voulait faire « le miroir de l'Italie », il dut donner les plans de la nouvelle sacristie de San Lorenzo, où Léon X voulait faire élever les tombeaux de son frère Giuliano et de son neveu Lorenzo. C'est seulement après la mort du pape que le sculpteur s'attaqua aux marbres de ces tombeaux, où deux Médicis obscurs ont trouvé l'immortalité. Michel-Ange resta à Florence pendant dix-huit ans. En quittant Rome, il y avait laissé inachevée une statue du Christ que lui avait commandée en 1514 un chanoine de Saint-Pierre. Cinq ans plus tard, l'ouvrage fut terminé fort maladroitement par un praticien florentin établi à Rome. La statue se trouve encore dans l'église de la Minerve, où elle fut placée en 1519 (fig. 44). Cette froide académie, dont le visage mince, monté sur un cou énorme, rappelle les élégances apprêtées de Sansovino, est la seule œuvre de Michel-Ange qui se soit ajoutée aux richesses artistiques de Rome sous le pontificat de Léon X.

Les deux maîtres que Jules II avait rapprochés pour une œuvre commune se trouvent séparés. Raphaël, établi à Rome, dont il ne sortira plus, est comblé de faveurs et accablé de besogne. Léon X ne forme point de grands projets ; mais il tient à poursuivre ceux de son prédécesseur. Pour terminer les peintures des chambres pontificales et prolonger jusqu'au pavement la décoration de la chapelle Sixtine, pour diriger la construction de Saint-Pierre, Léon X ne voit qu'un artiste, celui qui est devenu à ses yeux l'homme indispensable, qui a reçu les pouvoirs d'un véritable surintendant des beaux-arts, et qui, dans le parti des envieux, rebelles à sa grâce et à sa courtoisie, est appelé le « Prince de la Synagogue ».

Bramante était mort quelques mois avant le départ de Michel-Ange. Par un bref du 1er avril 1514, Raphaël fut préposé aux travaux de Saint-Pierre, en remplacement de l'ami qui lui avait enseigné les principes de l'architecture. Un autre bref, daté du 27 octobre 1515, délégua au peintre

la surveillance de toutes les fouilles entreprises dans l'enceinte et dans la
campagne. Architecte et archéologue en titre, Raphaël se fait sculpteur à
l'occasion. Princes et amateurs trouvent naturel de s'adresser à lui pour
des modèles de tombeau ou de statue, puisque « Michel-Ange n'est pas à
Rome », ainsi que l'écrit un correspondant de la marquise de Mantoue,
Isabelle d'Este. Le peintre lui-même doit bien souvent se distraire de ses

grandes compositions et
de ses fresques. Les
courtisans de Léon X,
dont il fréquente la com-
pagnie savante et volup-
tueuse, lui demandent
leur portrait [1]. Le cardinal Bibbiena désire-t-il
un décor pour une de
ses comédies ? Le pape
veut-il offrir quelques
tableaux de sainteté au
roi François Iᵉʳ, dont il
est devenu l'allié, après
l'entrevue de Bologne ?
A-t-il la fantaisie de
faire peindre sur une
tour du Vatican l'image
colossale d'un éléphant
de sa ménagerie ? Ra-
phaël doit suffire à tout.

Il ne put diriger des
entreprises si diverses
qu'à la condition de ne

Fig. 44. — Tête du Christ de Michel-Ange, dans l'église
de Santa Maria sopra Minerva.

plus rien exécuter. Comme peintre, aussi bien que comme architecte et
comme sculpteur, il ne donna désormais que des projets et des dessins.
C'est d'ailleurs ce que lui demandait le pape. Léon X tenait moins à
s'entourer d'œuvres de maîtres que de décorations flatteuses pour sa
curiosité et pour sa vanité. Il manifesta ses goûts lorsqu'il eut décidé,

[1] Ces portraits ont été dispersés avec la cour de Léon X. Aucun d'entre eux n'est
resté ou revenu à Rome. La toile de la galerie Doria, sur laquelle sont réunis les bustes
de deux Vénitiens amis de Raphaël et de Bembo, n'est qu'une copie brutale et poussée
au noir.

peu de temps après son avènement, de compléter la décoration de la chapelle dont Michel-Ange avait peint la voûte.

Le lambris élevé au-dessus duquel étaient alignées les fresques du XV° siècle avait reçu, au temps de Sixte IV, un simple badigeon qui imitait une tenture aux armes des della Rovere. Léon X voulut continuer jusqu'au bas de la paroi la série des scènes religieuses. La double suite de l'histoire de Moïse et de l'histoire évangélique, prolongée entre les fenêtres par l'assemblée des papes qui avaient été élevés au rang des saints, resta le centre du cycle. Sous Jules II, Michel-Ange avait remonté dans l'histoire du monde avant Moïse, pour redescendre jusqu'au Christ; sous Léon X, Raphaël fut chargé de résumer l'histoire de l'apostolat depuis l'Évangile jusqu'aux origines de la Papauté. Il composa un récit des Actes des Apôtres.

Les cartons du maître n'étaient pas destinés à être transportés directement sur les murs de la chapelle pontificale. Léon X en voulait faire, non une suite de fresques, mais une tenture d'apparat.

Avant lui, les Médicis et les papes avaient recherché les tapisseries des Flandres, que les Italiens appelaient *arazzi*, du nom de la ville d'Arras, qui avait été au XV° siècle, la plus riche en ateliers de haute et basse lice. Le pape Médicis fit exécuter en tapisserie les cartons de Raphaël. Achevés en 1516, ces cartons furent envoyés à Bruxelles, qui avait supplanté Arras. L'atelier de Pieter van Aelst fit grande diligence pour achever l'ouvrage en quatre ans. Lorsque les tapisseries furent tendues aux murs de la chapelle Sixtine, le 26 décembre 1519, ce ne fut autour du pape qu'un cri d'admiration : « Tous, écrit le maître des cérémonies Paris de Grassis, étaient d'accord pour proclamer qu'il n'y avait au monde rien de plus superbe. »

Unique était en effet le spectacle : les richesses dè deux arts se mariaient pour la joie de l'esprit et des yeux. Le dessin de Raphaël, les nobles draperies, les corps et les visages imités des antiques les plus purs et des plus beaux modèles de race romaine se montraient parés des tons veloutés, des reflets draprés, des rehauts d'argent et d'or qui donnaient aux grandes tapisseries, ces fresques du Nord, la somptuosité des tableaux des Van Eyck. Mais cette splendeur fut éphémère. La magnifique fantaisie de Léon X avait fait de l'œuvre de Raphaël une collection d'objets mobiliers exposée aux convoitises. Six ans après la mort du pape, les tapisseries disparurent dans le sac de Rome. Elles furent retrouvées l'une après l'autre pendant le XVI° siècle et rachetées par le trésor pontifical : deux d'entre elles, portées à Venise, avaient voyagé

jusqu'à Constantinople. En 1798, les tapisseries de Raphaël, volées
par les soldats français qui pillaient le Vatican, furent vendues à des
marchands qui les exposèrent au Louvre, au milieu du butin de l'Europe.
Pie VII put les faire rentrer au Vatican en 1808.

Les « tapisseries de Raphaël » sont pendues sans ordre dans une salle
écartée, attenante au musée des Antiques et qui fait suite à la galerie des
Candélabres. Tandis que leur place reste vide dans le sanctuaire de la

Fig. 45. — La remise des clefs à saint Pierre. Tapisserie exécutée
d'après le carton de Raphaël.

religion et de l'art où elles ont été admirées pendant peu d'années, ces
tapisseries concourent maintenant à former une collection dépaysée à côté
des marbres, et où ont été admises, avec quelques tapisseries flamandes
du commencement du XVIᵉ siècle, douze pièces d'une seconde tenture,
commandée par Léon X en 1520 pour la salle du Consistoire et dessinée par
des élèves de Raphaël. Il est à souhaiter qu'un pape aussi éclairé que l'était
Léon XIII, auquel est due la restauration de l'appartement Borgia, fasse
exposer quelque jour les tapisseries des Actes des Apôtres sur les lambris
de la Sixtine. Elles reprendraient là leur sens et leur vie. D'ailleurs une
restitution exacte serait impossible. Le Jugement dernier, en détruisant
trois des fresques du XVᵉ siècle, a couvert d'une foule de ressuscités et de

damnés la place de trois des tapisseries. Il faudrait masquer une partie de l'œuvre de Michel-Ange pour tendre au-dessus de l'autel la tapisserie qui achevait la suite des Actes des Apôtres par une apothéose. C'est un Couronnement de la Vierge qui devait prendre place au-dessous de l'Assomption du Pérugin. Cette tapisserie, retrouvée en 1869 dans une salle de l'appartement privé des papes, y est restée cachée. Des deux côtés du Couronnement de la Vierge commençait l'histoire des deux apôtres protecteurs de Rome. Il faut replacer par la pensée, à droite de l'autel, la Pêche miraculeuse; à gauche la conversion de saint Paul. Le récit des Actes continue sur les murs latéraux, interrompu par le dais du trône pontifical et la tribune aux chanteurs : l'histoire de saint Pierre accompagne celle du Christ et l'histoire de saint Paul celle de Moïse.

Etudiées une à une, dans la salle où elles sont reléguées, les tapisseries laissent à peine soupçonner ce qu'a pu être leur splendeur première. Les voyages qu'elles ont faits ont élimé le tissu et déteint les laines; les pillards ont arraché les fils de métaux précieux. Le dessin même, qui déjà, par la volonté de Léon X, avait subi une traduction flamande, s'est déformé au flottement des fils disjoints. Pour juger de la beauté vigoureuse des formes, il faut aller voir à Londres, au musée de South-Kensington, les grands cartons originaux, dont sept ont été conservés [1]. Cette inappréciable collection, laissée à Bruxelles, où elle fut mise à profit, pendant un siècle, pour des répétitions de la suite commandée par Léon X, a été achetée au compte du roi d'Angleterre Charles Ier par l'intermédiaire de Rubens.

De l'œuvre de Raphaël il ne reste en vérité, dans les tapisseries du Vatican, que l'ordonnance et les silhouettes. C'en est assez pour que les pieux visiteurs des Chambres ne manquent point d'aller contempler ces ruines de laine et de soie. Il y retrouveront l'art du maître dans toute sa pureté et sa sincérité.

Raphaël, en travaillant pour la Chapelle Sixtine, pouvait être troublé par le voisinage de l'œuvre de Michel-Ange. Il échappa encore à l'ascendant du maître redoutable. Le seul peintre dont il se souvint est Masaccio, qui, près d'un siècle plus tôt, avait mis en scène quelques épisodes de la vie de saint Pierre dans une chapelle du Carmine de Florence. Pour un tableau, celui de la Remise des clefs à saint Pierre, Raphaël se trouvait en rivalité avec son premier maître, le Pérugin, qui avait traité le même sujet dans une grande fresque de la Chapelle Sixtine. Tout

---

[1] Les figures placées à droite sur ces cartons ont été naturellement transportées à gauche sur les tapisseries, et inversement.

diffère dans les deux œuvres, jusqu'au décor : là une grande esplanade,
sur laquelle courent les joueurs et au fond de laquelle un temple octogo-
nal s'élève entre deux arcs de triomphe [1] ; ici un large paysage de prin-
temps. La plupart des épisodes des Actes des Apôtres que Raphaël a choisis
ou qui lui ont été indiqués n'avaient jamais trouvé place dans l'art
chrétien. Sur le terrain vierge qui lui est ouvert, le peintre a fait vivre

Fig. 46. — La pêche miraculeuse. Tapisserie exécutée d'après le carton de Raphaël.

l'humanité héroïque de l'École d'Athènes, faite pour porter le manteau
grec sur les places des villes et devant les vertes collines. Plus de
portraits de cardinaux, plus d'allusions contemporaines ; le texte seul
traduit en action par des acteurs dont chaque attitude et chaque geste
est une émotion ou une pensée. Les miracles que la peinture semble
impuissante à constater, puisqu'elle ne peut représenter les états succes-
sifs, les paroles dont l'air ne garde pas la trace, Raphaël les a rendus

[1] Voir le volume précédent, p. 141, fig. 80.

visibles dans le miroir des âmes qui en ont été frappées. La suite des
Actes des Apôtres se montre au milieu de l'œuvre romaine de Raphaël,
comme un trésor d'art où la richesse plastique et la richesse psychologi-
que sont inséparables. Quand le Christ apparaît aux disciples, pour
remettre les clefs à Pierre et lui dire : « Pais mes brebis », ce n'est pas
seulement les stigmates de la Passion, ni le blanc vêtement de gloire,
couvert d'or, comme les draperies dont Fra Angelico a paré ses élus, qui
font comprendre que le Rédempteur est ressuscité d'entre les morts :
c'est sa beauté plus qu'humaine, sa majesté et sa douceur infinie. Le
commandement du Christ à son élu retentit à travers tout le groupe
des apôtres (fig. 45). Dans la Pêche miraculeuse, la gradation des
sentiments descend d'un ton, à mesure que les personnages s'éloignent
du Christ qui vient de remplir les filets. Pierre est tombé à genoux ;
André s'agenouillerait, si le bateau était moins petit : il s'incline et
semble se donner tout entier au Maître. Des deux pêcheurs nimbés qui
sur l'autre bateau remontent le filet, un seul a le regard tourné vers le
Christ, et, à la proue, le vieillard qui tient le gouvernail garde l'impassi-
bilité d'un Fleuve appuyé sur son urne (fig. 46).

Autour du saint Paul qui prêche devant l'Aréopage, en lançant les
bras vers le ciel d'un geste si éloquent, la symphonie des groupes et
des attitudes qui accompagnent l'orateur a la solennité de l'assemblée
des philosophes dans la Chambre de la Signature. Seul avant Raphaël,
Giotto avait ainsi composé des scènes sacrées où nul comparse inutile
ne distrait et n'amuse le regard, où les acteurs sont tout action ; seul, il
avait donné au drame chrétien l'ampleur et la simplicité d'une tragédie
grecque. Mais Raphaël avait pénétré plus avant que le vieux maître dans
le secret des proportions et des rythmes ; il avait profité aussi du long
travail de ces artistes du xvᵉ siècle qui s'étaient appliqués à copier la
vie et la nature. De chacun des cartons des Actes des Apôtres il a fait un
drame qui parle aux esprits et un tableau qui donne aux yeux l'illusion
d'un monde héroïque, devenu un monde réel. Pour donner cette illusion,
Raphaël n'a pas hésité devant des détails qui étonnent, au milieu des
architectures classiques et des personnages noblement drapés. Sur la
berge du lac de Génésareth, des échassiers s'ébrouent en battant des ailes
et en jetant leur cri (fig. 46). Dans la scène de la Guérison de l'estropié
les bizarres colonnes de bronze doré qui figurent le portique du Temple
de Jérusalem ne sont point des fantaisies du peintre promu architecte de
Saint-Pierre : Raphaël a pris pour modèle l'une des colonnes torses
conservées dans la basilique Vaticane et qui passaient pour provenir du

Temple de Salomon [1]. Les malades rampent au pied de ces colonnes.
Le stropiat est hideux, avec sa face de dégénéré et ses jambes atrophiées
et tordues. L'aveugle tourne vers l'apôtre ses gros yeux blancs et sans
regards (fig. 47). Ces deux études de mendiants, dont Raphaël avait pris les
esquisses à l'hôpital de Santo Spirito, voisin du Vatican, ont pu émer-
veiller les plus réalistes des peintres flamands qui ont vu le carton à
Bruxelles.

Fig. 47. — Saint Pierre guérissant un estropié. Tapisserie exécutée d'après le carton
de Raphaël.

Les tapisseries de Raphaël ont gardé une partie de leurs bordures,
dont les disciples du maître ont donné les dessins. Les bandes verticales,
aussi larges que les pilastres peints entre les fresques des parois latérales
de la Sixtine, dont elles devaient être comme le prolongement, sont richement décorées d'écussons pontificaux aux armes des Médicis et de petits
tableaux en camaïeu couleur de bronze (fig. 43). Ces miniatures, placées
là, comme des notes insignifiantes en marge d'un texte sacré, n'ont aucune
relation avec l'histoire du Christ et des Apôtres : elles racontent la vie

[1] Sur ces colonnes, qui avaient été données par Constantin, voir le volume précédent,
p. 34.

de Léon X avec la froide exactitude d'un journal rédigé par un maître de cérémonies. Au-dessous de l'assemblée de Titans où aucune figure, aucune inscription ne rappelait le nom glorieux de Jules II, le pape régnant avait accepté d'exposer aux regards de ses courtisans les moindres épisodes de sa carrière facile et brillante.

La flatterie se donna libre cours dans les peintures de l'appartement pontifical où Raphaël avait glorifié naguère le Catholicisme, la Renaissance et la Papauté victorieuse. Le peintre ne s'inspire plus des grandes idées dont le successeur de Pierre est le représentant, ni des luttes dont il est le combattant : les allusions répétées dans les fresques ne concernent pas même la personne du pape ; elles rappellent avec une insistance puérile le nom qu'il a pris à son avènement. Dans la fresque d'Attila, pourquoi le pape qui, sur l'esquisse, portait la barbe de Jules II, a-t-il pris les traits de Léon X ? Parce que ce pape était Léon Ier. Après avoir achevé cette fresque et avoir fait peindre l'écusson des Médicis au-dessous de la Délivrance de saint Pierre, Raphaël entreprit la décoration de la chambre placée au delà de la Chambre de la Signature et dont la voûte avait conservé les peintures du Pérugin [1]. Le programme qu'il eut à remplir était emprunté à l'histoire des deux papes du IXe siècle qui avaient porté le nom de Léon.

La fresque dont la chambre entière a pris le nom, — l'incendie du Borgo, — représente un événement du règne de Léon IV (847-855). Le fondateur de la cité Léonine vit le quartier qu'il avait ceint de murailles [2] attaqué par un incendie ; en levant la main pour faire le signe de la croix, il arrêta le fléau. Raphaël a relégué au fond de la composition l'image du pape, qui se montre à la loggia d'un palais de la Renaissance, derrière lequel le peintre préposé à la construction du nouveau Saint-Pierre a représenté avec soin la façade de l'ancienne basilique, avec l'entrée de son *atrium*, surmontée de mosaïques. Le geste qui appelle le miracle est à peine visible dans l'éloignement ; l'incendie est indiqué par quelques flammèches qui fusent dans un coin d'ombre. En quittant la Chambre d'Héliodore, Raphaël semble avoir renoncé aux effets de lumière. Le mouvement même s'est figé et le drame a disparu. Tout le premier plan est réservé à des groupes qui devraient figurer les victimes de l'incendie. Mais la femme qui lève des mains suppliantes et le père qui tend les bras pour recevoir le nouveau-né que lui tend une belle

---

[1] Voir plus haut, p. 32-33.

[2] Voir le volume précédent, p. 60.

Romaine n'expriment pas plus d'émotion que la fière porteuse d'amphore ou que le vigoureux gymnaste suspendu, pour faire valoir ses muscles, à la crête d'un mur, du haut duquel il aurait sauté en se jouant (fig. 48).

Les acteurs agissants et parlants de l'histoire des Apôtres ont fait place à une troupe de figurants dont chacun pose comme un admirable modèle. Jamais encore Raphaël n'avait composé ainsi un tableau en rapprochant

Fig. 48. — L'Incendie du Borgo. Fresque de Raphaël ; palais du Vatican.

des études d'atelier, sans les unir et les animer par une pensée commune. La Chambre de l'Incendie du Borgo a été décorée de 1514 à 1517 ; la fresque qui occupe le fond de cette chambre se trouve contemporaine des cartons des tapisseries. Mais, en présence d'un sujet pour lequel l'indifférence lui était permise, Raphaël a montré librement les tendances nouvelles de son mobile génie. Il s'était donné à sa mission de surintendant des fouilles et des antiquités avec la conscience et l'ardeur qu'il apportait dans toutes ses entreprises. Il commençait, écrit un contemporain, à restaurer l'ancienne Rome : « le pape Léon et tous les Romains croyaient qu'un esprit céleste était descendu pour rendre à la Ville éternelle sa splendeur passée. » Le Borgo béni par Léon IV devint pour Raphaël un quartier de la Rome impériale : les portiques se peuplèrent d'une race d'hommes qui descendait des statues retrouvées sous les ruines. Le groupe d'Énée et de son vieux père Anchise, qu'accompagne l'enfant Ascagne, transporte la légende du IX⁰ siècle dans l'âge épique et fait de l'incendie du Borgo un incendie de Troie. Cependant ce peuple marmoréen n'est plus celui de la Grèce; les hommes et même les enfants ont gonflé leurs muscles pour lutter avec les géants de Michel-Ange.

Le dessin savant de ces figures a été donné par Raphaël. Mais le maître n'est point responsable des lourdeurs du modelé et de la froideur du coloris, d'où a disparu, au milieu des gris de pierre, toute trace des beaux rouges de velours qui fleurissaient la Chambre d'Héliodore. L'atelier du peintre est désormais une « agence », pareille à celle des architectes de nos jours. Cinquante élèves se répartissent l'ouvrage ; lorsque le maître sort, ils lui font cortège, et le peuple croit voir passer un jeune prince, au milieu de ses courtisans. Le premier, dans cette cohorte, est un Romain, Giulio Pippi, plus jeune de dix ans que Raphaël. C'est lui qui a peint l'Incendie du Borgo.

Dans le reste de la chambre, c'est à peine si Raphaël a esquissé un groupe de combattants et une figure de capitaine pour une seconde fresque empruntée à l'histoire du pape Léon IV : la victoire remportée sur les Sarrasins près d'Ostie, aux bords du Tibre. Jules Romain a peint au premier plan le pape, sous les traits de Léon X, et derrière lui le cardinal Giuliano de Médicis. La composition des deux dernières fresques est trop monotone pour qu'on puisse l'attribuer à Raphaël. Ce sont deux tableaux de cérémonie où figure le pape Léon III : le couronnement de Charlemagne et un serment solennel prêté par le pape et par les patriciens de Rome en présence de l'Empereur. Les riches costumes de la cour pontificale se mêlent aux armures romaines; des orfèvreries massives reluisent à côté des velours. Mais il manque les couleurs pures et l'heureuse naïveté d'un Pinturicchio à ces peintures somptueuses, où Francesco Penni a montré, dans des portraits médiocres, Léon X donnant à François Iᵉʳ la couronne de l'Empire.

Une seule chambre restait à décorer dans l'appartement privé du pape : la plus grande, véritable salle de réception, qui faisait suite à la Chambre d'Héliodore. Le thème adopté pour les fresques n'était plus une flatterie laborieuse adressée au pape régnant : la dernière des chambres de Léon X fut dédiée, comme les chambres de Jules II, à la gloire de la Papauté et de l'Eglise. Constantin est le héros du cycle. Raphaël prépara

quelques dessins pour la Bataille du pont Milvius, qui avait été la défaite
du paganisme, et pour l'Invention de la Croix. Mais il mourut avant que
Jules Romain eût commencé de peindre dans la salle. Quant aux autres

Fig. 49. — Loggia de Raphaël. Palais du Vatican.

tableaux, le Baptême de Constantin et la Donation à saint Sylvestre,
leur sujet n'était pas même déterminé à la mort de Raphaël.

Dans la mêlée qui, déchaînée sur une longue paroi, attire
aussitôt les regards, l'élève a suppléé aux lacunes laissées par les dessins
du maître, en multipliant les imitations des reliefs de la colonne Trajane.
Mais c'est bien le souffle de l'artiste enlevé en pleine force de création
qui entraîne vers le Tibre le flot des vainqueurs, dominés par l'héroïque
stature du chef que Dieu conduit. Après les fresques froides et mono-

tones qui tapissent la chambre de l'Incendie du Borgo, Raphaël a retrouvé une dernière fois l'ardeur qui l'animait dans la Chambre de l'Héliodore et de l'Attila, lorsqu'il a esquissé les groupes épiques de la Bataille de Constantin.

Léon X n'avait pas attendu que la décoration de son appartement fût complète pour jouir de la *loggia* à l'une des extrémités de laquelle s'ouvrait la porte de la grande salle. Sous l'une des petites voûtes bâties par Bramante, un cartouche de stuc porte la date de 1513, qui rappelle sans doute l'achèvement de la construction. La décoration fut terminée en 1519.

Dans le long couloir dont les arcades ont été fermées par des vitrages de serre, les peintures légères qui couvrent les parois, les piliers, les voûtes et qui ont subi de brutales restaurations, ont conservé bien peu de leurs couleurs et de leur charme. Pour revoir la *loggia* telle qu'elle était au temps de Léon X, il faudrait lui rendre les décorations variées qui s'ajoutaient aux fresques.

Les arabesques délicates des deux vantaux de porte marquetés et sculptés par le Siennois Giovanni Barile montrent encore, tout au moins, la richesse que le pape voulait donner à l'entrée même d'un lieu qui avait sa prédilection. Mais les niches ont perdu leurs statues antiques et un pavement froid a remplacé des majoliques exécutées à Florence par un della Robbia. L'imagination peut suppléer à ces vides. Il faut encore qu'elle perce les vitrages et qu'elle supprime l'énorme bâtiment qui se dresse en face de la *loggia*. Quand Léon X sortait, avec ses cardinaux et ses poètes de cour, sous les voûtes de la *loggia*, les arcades s'ouvraient sur le ciel et, près des balustrades, la vue s'étendait librement vers le Tibre, au bord duquel était assis le château Saint-Ange, vers la ville, où les ruines augustes dominaient les maisons, vers la campagne et vers les monts Albains.

Ce belvédère adossé à la forteresse vaticane appelait un décor joyeux et aérien. Les tableaux que Raphaël y disposa furent de véritables miniatures disposées, non sur les murs, mais sur les petites coupoles qui correspondaient aux treize arcades. Qui donna l'idée de loger au-dessus des têtes, à une place où l'on eût attendu des fantaisies sans dignité, toute une suite biblique et quelques scènes de l'Évangile? Raphaël accepta le programme; il dessina, avec l'aide de ses élèves, cinquante-deux compositions (quatre par voûte). Dans cette « Bible de Raphaël », les scènes médiocres ou insignifiantes sont rares; les quatre épisodes de l'Évangile et l'histoire de Josué n'ont certainement pas été composés par le maître.

Mais les petits tableaux des huit premières voûtes, qui suivent le récit
du Pentateuque depuis la Création du monde jusqu'à Moïse, font admirer,
aussi bien que les plus grandes œuvres, les inventions d'attitudes expres-
sives et de groupes harmonieux que Raphaël a prodiguées, et l'intarissable
fécondité qui, débordant des tableaux et des fresques, alimentait alors
de dessins la laborieuse virtuosité du graveur Marcantonio Raimondi.

Fig. 50. — Joseph racontant son rêve à ses frères. Fresque dans la loggia de Raphaël.

L'assemblée des fils de Jacob, réunis autour de Joseph qui raconte le
songe mystérieux, est aussi savamment composée qu'un carton des Actes
des Apôtres (fig. 50). L'ascendant de Michel-Ange domine les premiers
tableaux de la Genèse : qui pouvait désormais voir Jéhovah autrement
qu'il n'était apparu sous la voûte de la Sixtine? Cependant Raphaël, en
humanisant le Dieu violent et farouche, l'a rapproché des dieux grecs :
il en a fait une sorte de Saturne présidant à la fécondité de l'âge d'or
(fig. 51).

La terre n'est plus pour lui, comme pour Michel-Ange, un rocher nu.

Autour du Créateur les animaux, les plantes sortent de la terre et la vie éclate, multiple et joyeuse. Jamais Raphaël n'avait fait une telle place à la nature à côté de l'homme. L'espace n'est plus seulement pour lui le lieu d'un triomphe ou d'un drame : l'œil de l'artiste jouit du ciel, des eaux, des verdures, comme d'un modèle robuste ou d'un marbre antique

Dans le tableau de Moïse sauvé des eaux, ce n'est pas le groupe de jeunes filles qui attire le regard, mais plutôt la nappe miroitante du Nil et ses rives couvertes d'arbres et de villas (fig. 52). La rencontre de

Fig. 51. — La création des animaux. Fresque dans la loggia de Raphaël.

Jacob avec les filles de Laban est placée sur une rive enchantée, devant un fleuve aux îles magnifiques (fig. 53). Le décor immense de l'idylle biblique fait oublier la petitesse du tableau. Tout un univers de paradis et de féerie se montrait aux courtisans de Léon X, lorsqu'ils regardaient au-dessus d'eux, après avoir contemplé à leurs pieds la ville et la campagne. Les deux spectacles, dont l'un a disparu derrière un rideau d'architecture, sont inséparables : c'est sans doute la vue de Rome, telle qu'elle s'offrait du haut du Vatican, qui a fait de Raphaël un paysagiste.

Tout un groupe d'élèves a peint les figurines des tableaux bibliques : Jules Romain, Francesco Penni, Perino del Vega, d'autres encore. La splendeur des paysages, que les restaurations successives n'ont pu éteindre complètement, est due sans doute au pinceau d'un jeune peintre du

Frioul, Giovanni d'Udine, qui avait été à Venise l'élève de Giorgione, avant de se ranger parmi les disciples de Raphaël. C'est ce Vénitien qui, sous la direction du maître et avec l'aide des plus habiles et des plus inventifs de l'atelier, a couvert la *loggia* d'ornements au milieu desquels les idylles bibliques apparaissent comme les motifs les plus brillants.

Fig. 52. — Moïse sauvé des eaux. Fresque dans la loggia de Raphaël.

Aucun emblème chrétien n'a été admis parmi les détails innombrables de ces ornements. L'antiquité a donné les thèmes et les motifs. Giovanni d'Udine a employé avec une verve et une richesse nouvelles les *gro-tesques*, ces « décorations de grottes » que quelques peintres établis à Rome avaient retrouvées vers la fin du XV° siècle dans des ruines trans-formées en souterrains, et que Pinturicchio avait imitées le premier sur les voûtes de l'appartement Borgia[1]. Comme dans les thermes et dans les

[1] Voir le volume précédent, p. 167.

villas de l'Empire, les stucs et les peintures concourent à la décoration
de la *loggia* de Léon X. Des figurines en relief, dont la silhouette ressort
le plus souvent sur un champ de couleur vive, reproduisent des gemmes
ou des statuettes antiques. Les arabesques, les rinceaux, les petits personnages peints à fresque se détachent, non plus sur un fond d'or imitant
la mosaïque, à la façon des grotesques dont le Sodoma avait orné la voûte

Fig. 53. — Jacob et les filles de Laban. Fresque dans la loggia de Raphaël.

de la Chambre de la Signature, mais sur le stuc blanc. Tous les êtres
gracieux et bizarres dont les premiers peintres des Catacombes avaient
emprunté les images au répertoire des peintres de villas, amours, satyres,
danseurs, griffons, hippocampes, et, avec eux, tous les dieux de l'Olympe,
réduits en figurines, se jouent sur les piliers, les murs et les coupoles. De
minuscules paysages apparaissent dans des cadres rectangulaires, au
milieu des arabesques : vergers peuplés d'enfants ailés, vagues où
nagent des tritons. Pompéi, qui dort sous la cendre, montrera, deux
siècles plus tard, des fantaisies pareilles à celles que les élèves de

Raphaël ont vues encore dans les ruines de Rome. Mais tous ces peintres
jeunes et joyeux ne se contentent pas de copier. Ils mêlent aux réminis-
cences de l'antiquité des détails pris sur le vif ; ils font courir sur les

Fig. 54. — Voûte de la grande salle de l'Appartement Borgia,
décorée sous le règne de Léon X.

tiges des volutes d'acanthe ou voler à côté des demi-dieux une foule
bigarrée d'animaux et d'oiseaux étudiés dans les champs ou dans la
ménagerie pontificale. A côté des dieux imités de l'antique, ils ont
introduit dans les stucs des copies d'images de leur maître, prises à la
voûte de la *loggia* ou dans les Chambres. Enfin ils se mêlent eux-mêmes
à la ronde bachique qui semble entraîner les figurines par essaims ou par

couples. Deux des reliefs de stuc placés au-dessus des fenêtres représentent des artistes qui dessinent ou qui peignent, des broyeurs de couleurs et jusqu'à des gâcheurs de stuc et des maçons. L'Antiquité est rajeunie et enrichie par la vie de la Renaissance.

La décoration joyeuse et profane qui couvrait le lumineux vestibule des Chambres pontificales se répandit à l'étage inférieur et à l'étage des combles. A peine Giovanni d'Udine avait-il terminé les grotesques de la *loggia* qu'il descendit avec Perino del Vaga dans la grande salle de l'Ap-

Fig. 55. — Les Sibylles. Fresque de Raphaël dans l'église de Santa Maria della Pace.

partement Borgia, placée au-dessous de la Chambre de Constantin. La voûte de cette salle s'était écroulée, peu d'années après avoir été décorée par Pinturicchio, et avait été reconstruite ; les élèves de Raphaël divisèrent cette voûte en compartiments multicolores, sur lesquels ils exécutèrent les plus ingénieuses variations décoratives autour du thème astrologique et mythologique des Planètes et des Étoiles ; de petits amours jouent avec les bagues qui étaient l'un des emblèmes des Médicis (fig. 54).

Dès 1516, le cardinal Bibbiena, dont l'appartement se trouvait au-dessus des chambres du pape, au troisième étage du Vatican, avait demandé à Raphaël le programme d'une décoration qu'il voulait faire peindre dans sa chambre de bain. Le maître donna les esquisses : elles furent exécu-

tées par quelques-uns des élèves employés aux peintures de la *loggia*.
Ce n'étaient plus seulement les amours et les demi-dieux qui prenaient
leurs ébats dans le Vatican : Vénus y avait un sanctuaire. Les peintures
en manière de grotesques dont la *stufetta* de Bibbiena était entièrement
revêtue racontaient les aventures de la déesse voluptueuse et les amours

Fig. 56. — La Sibylle de Phrygie. Détail de la fresque de Raphaël,
à Santa Maria della Pace.

des dieux, autour d'une Vénus de marbre qui assistait au bain du cardinal.
Quelques gravures font seules connaître ce décor profane qui fut admis
dans le palais du pape Léon X. La génération qui suivit déroba aux regards
cet objet de scandale. La chambre de bains du cardinal Bibbiena fut
fermée comme l'appartement Borgia. Elle existe toujours, mais elle reste
un lieu aussi inaccessible que le tombeau de saint Pierre. Nul, depuis
plus d'un siècle, n'a visité Vénus emprisonnée sous les combles du Vatican,

Quelle que fût l'audace des épicuriens amis de Léon X, le paganisme de la Renaissance ne pouvait envahir qu'une partie insignifiante de l'énorme palais de Nicolas V et de Jules II. C'est ailleurs, dans le palais d'un particulier, qu'il célébra son triomphe.

Un banquier siennois, Agostino Chigi, a disputé à Léon X l'honneur de protéger les artistes. Le Mécène a égalé l'Auguste, dont la postérité a trop grandi l'œuvre et le nom. Giovanni Chigi, établi à Rome, avait laissé une immense fortune et des affaires qui intéressaient tous les Etats. Son fils Agostino sut gagner déjà la faveur de Jules II au point de se faire conférer par le pape une sorte d'adoption : le Siennois ajouta à son nom de Chigi celui des Della Rovere et porta l'écusson décoré du chêne. C'est dans deux églises des Della Rovere qu'il fit exécuter, sous la direction de Raphaël, les œuvres d'art religieux qui suffiraient à perpétuer le nom du banquier des papes, comme celui d'un Médicis.

Dans l'église de Santa Maria della Pace, Chigi fit peindre, en 1519, d'après les cartons de Raphaël, une fresque qui surmonte l'arcade d'une grande niche : quatre prophètes assis au-dessus de quatre sibylles (fig. 55). C'était un concours idéal institué par un amateur raffiné entre l'œuvre de Michel-Ange absent et le jeune artiste qui avait la royauté de l'art dans la ville papale. Le dessin a été alourdi par la traduction d'un élève ; la fresque est noire et dégradée ; mais tant qu'il en restera quelques traces, on devra l'interroger sur le secret de deux génies prodigieusement différents. Raphaël a accepté les souvenirs de la Sixtine ; comme Michel-Ange, il a placé aux côtés des sibylles des génies enfants. Mais il a donné à de beaux anges adolescents le rôle de messagers des paroles divines. Les sibylles, dont trois sont jeunes, n'ont point la vigueur masculine et l'allure inquiète des voyantes de Michel-Ange. Leur attitude et leurs gestes sont harmonie et sérénité. La plus belle reste indifférente aux paroles de l'ange, le regard noyé dans quelque rêve d'amour (fig. 56).

Vers 1512, Agostino Chigi avait fait bâtir une chapelle pour lui et sa famille dans un bas côté de Santa Maria del Popolo. L'architecte fut sans doute Raphaël, qui donna les modèles de toute la décoration. La coupole qui surmonta la chapelle ne reproduisit point celle qui avait été élevée au-dessus du chœur de l'église : elle fut une miniature de la coupole de Saint-Pierre, telle que Bramante l'avait conçue. Cette coupole devait abriter le tombeau du riche Siennois. Il ne reste du tombeau même que deux statues, sculptées par Lorenzetto, d'après une esquisse modelée par Raphaël. Ce sont des symboles de résurrection : Elie, qui fut emporté au ciel, et

Fig. 57. — Jonas. Statue de la chapelle Chigi, dans l'église Santa Maria del Popolo, exécutée d'après un modèle de Raphaël.

Jonas, qui paraît si souvent sur les vieux sarcophages chrétiens. Le prophète sorti du monstre est devenu un Antinoüs (fig. 57).

Pour la décoration de cette coupole, la fresque ne parut point au banquier assez brillante et assez durable, il ressuscita dans sa chapelle la mosaïque, qui avait donné jadis leur magnificence aux basiliques romaines, et qui, négligée après le XIIIᵉ siècle, avait été remplacée sur la voûte de la Chambre de la Signature par de simples fonds d'or, où les cubes étaient imités en trompe-l'œil. Un mosaïste vénitien, Aloisio di Pace, commença à exécuter en 1516 les cartons de Raphaël. La coupole est devenue une sorte de demi-globe céleste. Les fonds bleus semblent des baies ouvertes vers le zénith. Au sommet, dans une ouverture ronde, pareille à celle de la coupole du Panthéon, le Créateur bénit le monde des astres, avec le geste du Jéhovah de la Sixtine, quand il bénit la terre. Les Planètes qui reçoivent la bénédiction du Père éternel sont les grands dieux de l'Olympe (fig. 58). Les immortels ont abdiqué leur pouvoir et chacun d'eux a pour geôlier un ange du Seigneur ; mais Jupiter n'a rien perdu de sa majesté, ni Vénus de sa beauté.

Devant ces images païennes introduites dans une église, il est permis de se rappeler les fresques que Raphaël venait d'achever au Vatican, lorsqu'il construisit la chapelle de Santa Maria del Popolo : la Philosophie honorée dans la personne de ses héros, en face de la Théologie élevée au-dessus de toutes les connaissances humaines. Mais, dans la chapelle des Chigi, l'Olympe planétaire ne rappelle pas seulement l'éclectisme de la Renaissance : il évoque les années les plus voluptueuses du paganisme rajeuni. Les dieux asservis, qui semblent veiller sur le tombeau d'un épicurien, règnent encore sans partage, dans la demeure où cet homme a vécu.

Agostino Chigi se fit construire un palais dès 1509 par son compatriote Baldassare Peruzzi. L'emplacement fut choisi sur la rive droite du Tibre, dans un quartier peu bâti, que traversait la rue de la Lungara, régularisée par ordre de Jules II. Le palais du banquier n'eut aucune ressemblance avec les édifices rectangulaires qui gardaient, sous les bossages et les pilastres, la masse d'une forteresse. Un jardin immense devait entourer l'habitation : celle-ci fut conçue par Peruzzi comme une villa. Entre les deux ailes saillantes, le rez-de-chaussée, sur la face qui regardait les parterres, était une loggia ouverte à l'air et aux parfums. Edifice exquis et unique dans l'architecture de la Renaissance ; monument de grâce et de simplicité classique ; création, comme l'a écrit Vasari, plutôt que construction : *non murato, ma veramente nato.*

La villa de Chigi a été acquise par les Farnèse avant la fin du
XVI⁰ siècle : de là son nom de Farnésine. Elle a passé ensuite aux Bour-
bons de Naples, comme le palais Farnèse. Aujourd'hui le jardin est un

Fig. 58. — Coupole de la chapelle Chigi, dans l'église de Santa Maria
del Popolo. Mosaïques exécutées d'après les cartons de Raphaël.

petit bois inculte resserré entre les maisons de rapport. Les socles ont
perdu leurs statues ; le gazon couvre les allées. A peine l'extérieur de la
construction a-t-il conservé, sur la face qui regarde le Tibre, quelques
traces d'un décor en grisaille dont il fut couvert par Peruzzi, l'archi-
tecte-peintre. C'étaient des *graffitti* exécutés suivant un procédé alors
usité à Rome, aussi bien qu'à Florence. Deux couches de stuc, l'une noire,

l'autre blanche, étaient successivement passées sur le mur : les traits gravés dans le blanc se dessinaient en noir. Les figures dont les silhouettes restent visibles sont des déesses ailées : l'Abondance, la Victoire.

A l'intérieur, la villa n'a presque rien perdu de sa parure, que la mort de Chigi, en 1520, a laissée incomplète. Le riche amateur avait eu le temps d'attirer chez lui les meilleurs peintres réunis à Rome et le premier de tous. Des érudits donnèrent les thèmes, tous empruntés à l'antiquité et à la mythologie. Pas une allusion à un contemporain, sauf l'écusson adopté par Chigi, celui des Della Rovere ; pas un signe chrétien. Le décor de la villa Chigi est plus *païen*, avec son peuple de héros et de divinités, que les stucs et les peintures de la villa antique dont les restes ont été retrouvés naguère dans le jardin de la Farnésine[1].

L'appartement du maître était au premier étage ; pour y pénétrer il faut des négociations. Une joie rare attend ceux qui auront la patience et la diplomatie nécessaires pour obtenir que cette porte s'ouvre.

Le grand salon offre un panorama unique du présent et du passé. Par ses huit fenêtres, le regard s'étend des deux côtés sur le Tibre et la ville. Les murs latéraux, entièrement peints, ont pris l'aspect de *loggie* qui laissent apparaître, entre leurs fausses colonnes, diverses vues de Rome, telle que la vit Raphaël. Entre les fenêtres et les portes les dieux de l'Olympe sont rangés. C'est le Siennois Baldassare Peruzzi qui a peint ce décor de fête.

Un artiste pour qui Sienne était une seconde patrie, le Sodoma, a décoré la chambre à coucher du banquier siennois ; il y a représenté, comme il eût fait pour un prince, trois grandes scènes de l'histoire d'Alexandre. Une seule est bien conservée et exposée en belle lumière : elle fait oublier ses voisines et bien des chefs-d'œuvre fameux. C'est le mariage d'Alexandre et de Roxane. Un humaniste a donné le sujet, connu par un texte de Lucien qui décrit un tableau d'Aétion, peintre officiel du roi de Macédoine. Mais Sodoma n'est point préoccupé d'érudition, ni d'archéologie. Le lit nuptial a la somptuosité d'un meuble à colonnes sculpté par un artiste de la Renaissance. La composition, claire et naturelle, n'est pas ordonnée avec les gradations savantes auxquelles se complaît la logique aisée de Raphaël. Mais les figures respirent une vie large et gonflée de volupté, dont les héros des Chambres du Vatican ne connaissent pas la calme ivresse. Alexandre s'avance comme dans un rêve, sa couronne de vainqueur tendue vers la reine de beauté : derrière lui Héphestion et un

---

[1] Voir *Rome, l'Antiquité*, p. 49 et 53.

Fig. 54. — Le mariage d'Alexandre et de Roxane. Fresque du Sodoma, au premier étage de la Farnésine.

jeune homme, le dieu d'Hyménée, sont en extase. Roxane, assise au bord du lit, s'abandonne dans une langueur délicieuse : sur son visage flotte un sourire qui fait songer au maître du Sodoma, Léonard de Vinci. Cependant les servantes se retournent curieuses ; parmi elles, une négresse montre sa bonne face fidèle. Des amours sont partout, espiègles et effrontés : ils déchaussent l'épousée ; ils soulèvent son voile ; ils barrent le chemin au conquérant et jouent avec ses armes (fig. 59).

Le rez-de-chaussée de la villa est public. Deux des salles qui communiquaient de plain-pied avec le jardin ont été décorées plus richement encore que l'étage d'habitation ; l'une, la plus petite, occupe l'aile orientale, l'autre s'étend sur toute la longueur du bâtiment central. Ces salles sont couvertes de voûtes en arc de cloître, visiblement imitées de la chapelle Sixtine. La voûte de la petite salle de l'est a été ornée d'une architecture savamment mise en perspective et qui semble percée à jour, comme les parois du salon du premier étage. Au lieu de Rome, c'est l'empyrée qui se montre aux regards levés : le bleu du ciel est animé d'une foule de groupes mythologiques, qui rappelaient aux érudits du XVI siècle les grandes constellations, les sept planètes et les signes du zodiaque. Persée pétrifie les hommes qui seront changés en astres ; Calisto est métamorphosée par Junon en ourse et par Jupiter en constellation ; les Gémeaux sont les fils de Léda et, près d'eux, leur mère embrasse le cygne divin : le Verseau est Ganymède et la Vierge est Diane, avec son chien. Sur les écoinçons de la voûte, brillants d'or, des figurines représentent les constellations qui ont reçu un nom de héros ou d'animal. Sebastiano del Piombo a été appelé à compléter l'œuvre magnifique de Peruzzi. Le Vénitien a peint sous les lunettes de la voûte un choix de métamorphoses, d'après Ovide. Parmi les héros de ces contes, les uns appartiennent au royaume des airs ; les autres sont entrés par leurs aventures et leurs amours dans le peuple des fleurs et des oiseaux. Nichés sous la voûte de là chambre, ils semblaient communiquer, à travers les fenêtres ouvertes sur les bosquets, avec les êtres et les choses en qui leur vie se continuait indéfiniment : Philomèle et Procné, poursuivies par Térée, conversaient avec le rossignol et l'hirondelle ; Borée et Zéphyre, à qui le peintre avait rendu leur forme humaine, semblaient écouter le vent qui passait. Sous cette voûte, les invités de Chigi, qui venaient jouir de la nature au bord du Tibre, trouvaient divinisés le jardin, avec ses chants d'oiseaux et ses parfums, et le ciel même, avec les étoiles des beaux soirs.

Les scènes mythologiques continuent sur la paroi où est peinte en

deux tableaux l'histoire de Galathée, la nymphe marine aimée du
Cyclope. Ce n'est point un ancien qui a donné le texte, mais le Florentin
Politien, un de ces poètes de l'ancienne cour des Médicis, que l'avènement
de Léon X contribua à remettre en vogue parmi les lettrés de Rome.

Fig. 60. — Galathée et les Amours. Fresque de Raphaël,
au rez-de-chaussée de la Farnésine.

Le Polyphème sur son rocher, œuvre de Sebastiano del Piombo,
n'est plus qu'une ruine. La Galathée, qui a beaucoup souffert, est encore
la plus radieuse des peintures profanes de Raphaël. Elle a été peinte dans
la même année que la plus triomphante des Vierges, la Madone de Saint-
Sixte[1]. C'est en 1514 que Raphaël consentit à entrer dans le groupe des

[1] Au Musée de Dresde.

artistes qui décoraient la villa de Chigi. A la veille de devenir l'artiste universel, il était, dans toute la force du mot, un *peintre*. Après les belles formes, il avait aimé les couleurs chantantes, que bientôt il allait oublier. Certes, en composant le cortège de la déesse, il s'est souvenu des reliefs de sarcophages sur lesquels se jouaient les dieux des eaux et la troupe des Amours. Mais, sous le coloris souple et blond, les beaux corps s'animent. Galathée se laisse glisser sur la conque emportée par les dauphins ; les tritons embrassent les nymphes, et, dans les airs, les Amours volants ont pris pour cible, à côté des nymphes qui luttent mollement, la déesse indifférente. Cependant le spectacle d'amour est chaste, dans sa grâce virgilienne. Le nu est purifié par sa perfection plastique. A propos de la Galathée, Raphaël a pu écrire au plus raffiné des Italiens de la Renaissance, Baldassare Castiglione, les mots fameux qui sont comme la formule de l'art *idéal*, de l'art qui, après avoir cru épuiser les ressources de la nature, cherche à la dépasser : « Quand les beaux modèles me manquent, je me sers d'une certaine idée que j'ai dans l'esprit. »

La Galathée achevée en hâte, Raphaël fut repris par les tâches dont le pape l'accablait. Mais Chigi obtint encore de son infatigable ami les cartons des peintures qui devaient couvrir dans sa villa toute la voûte de la grande loggia. Ce travail énorme fut pour l'artiste comme un délassement ; jamais son imagination n'avait été plus abondante et plus fraîche.

Raphaël fit de la voûte, non plus une architecture ajourée, comme avait fait Peruzzi dans la *loggia* voisine, mais une sorte de treille composée d'épaisses guirlandes. Les personnages de grandeur naturelle qui apparaissent au milieu des feuillages et des fruits se détachent sur un fond bleu, comme si le ciel était visible au-dessus des arceaux de verdure. Les deux grandes fresques qui tiennent toute la largeur de la voûte, dans sa partie plane, imitent de grandes toiles tendues dans l'encadrement des guirlandes, à la manière d'un *velum*. Ainsi, par sa décoration même, cette *loggia*, dont les hautes arcades laissaient entrer librement l'air parfumé par les massifs de fleurs, participe à la fois du palais et du jardin.

L'Amour, qui avait uni Alexandre à Roxane, dont les fantaisies avaient été la cause de tant de meurtres et de métamorphoses, dont les traits avaient atteint la nymphe cruelle à Polyphème, célèbre ses plus fameuses victoires dans la galerie des fêtes. Les textes ont été choisis cette fois encore par quelque érudit. La décoration des lunettes, sous lesquelles volent des Amours emportant, comme un trophée, les armes et les

attributs des dieux, traduit une épigramme de l'Anthologie, attribuée à
Philippe de Thessalonique. Les figures réparties dans les écoinçons et
assemblées au plafond sont les acteurs du fameux conte d'Apulée, l'histoire d'Amour et de Psyché. Les exploits de l'Amour, vainqueur des

Fig. 61. — Psyché apporte à Vénus l'urne donnée par Proserpine.
Fresque de la Farnésine, peinte d'après le carton de Raphaël.

dieux, sont couronnés par l'aventure où lui-même a été blessé par ses
propres flèches et s'est avoué vaincu. Le triomphe de Psyché met fin aux
triomphes de l'Amour.

Le peintre a suivi le récit du conteur, en choisissant librement les épisodes qui formaient d'eux-mêmes des groupes assez restreints pour ne
pas déborder les écoinçons de la voûte. La série des dix petites compo-

sitions commence au-dessus des portes qui s'ouvrent sur la salle de la Galathée.

Vénus a trouvé sur terre une rivale de beauté : c'est l'une des filles d'un roi, appelée Psyché. Elle la désigne du doigt à son fils Eros et ordonne à celui-ci d'inspirer à la fière jeune fille un amour indigne d'elle. Mais voici que le trait s'est retourné contre l'archer. Amour n'a pu voir celle qu'il devait châtier sans être captivé par sa beauté : il montre aux trois Grâces assises sur les nuées Psyché invisible encore. Les événements se précipitent : comme ils se passent sur terre, Raphaël, le regard levé vers l'Olympe, ne les voit pas. Amour est descendu vers Psyché la nuit. La curieuse a voulu, malgré la défense de l'amant divin, allumer une lampe pour voir ses traits. Une goutte d'huile brûlante, en tombant sur l'Amour endormi, a rompu le charme. Psyché s'enfuit ; Amour vient pleurer devant sa mère. Ici Raphaël reprend le récit. Vénus va deman-der appui à Junon et à Cérès : elle n'en obtient que moquerie. La belle affligée monte sur son char attelée de colombes : elle presse à travers les airs son léger attelage, autour duquel tournoient les éperviers. Son chagrin d'enfant et sa nudité splendide reçoivent bon accueil du vieux Jupiter. Mer-cure est dépêché aux peuples de la terre : il promet à qui livrera la fille du roi un baiser de Vénus. Les tribulations commencent pour l'infortunée. Elle est soumise à des épreuves qui l'entraînent jusque dans les enfers. Raphaël ignore ces tristesses. Voici Psyché qui remonte vers la lumière et vers la joie : soutenue par des amours, elle apporte jusqu'aux pieds de Vénus l'urne que lui a confiée Proserpine. Vénus, en recevant l'hommage, abaisse sur sa victime un regard dédaigneux. Mais Amour intervient : il va supplier Jupiter de l'unir enfin à Psyché. Le maître de l'Olympe, toujours versatile et propice aux amoureux, écoute avec attendrissement la prière : il baisse son front formidable pour sceller son consentement d'un baiser sonore appuyé sur la bouche mutine de l'enfant. Mercure reçoit un ordre qui contredit l'ordre donné naguère au nom de Jupiter et de Vénus. A l'une des extrémités de la salle, il descendait vers la terre pour accabler l'infortunée Psyché ; à l'autre, il monte vers l'Olympe où il emporte la fille du roi, rougissante et heureuse. Sur le plafond le conte s'achève en apo-théose. Tous les dieux sont réunis pour un jugement solennel : à côté des Olympiens ont pris place des Fleuves et jusqu'à un sphinx d'Egypte. Vénus et Amour plaident leur cause devant le trône de Jupiter. Mais la sentence d'absolution est déjà prononcée. Psyché est introduite dans le cercle divin et Mercure lui présente la coupe de nectar qui va la faire immor-telle (fig. 63). Le second des grands tableaux met en scène le banquet des

noces de Psyché. Le peintre suit exactement la description d'Apulée :
Vénus elle-même danse devant la table, accompagnée par la flûte de Pan,
la lyre d'Apollon et le chant des Muses ; les Heures voltigeantes font
tomber des fleurs sur les convives et les Grâces répandent des parfums sur

Fig. 62. — Jupiter accorde à l'Amour la grâce de Psyché. Fresque
de la Farnésine, peinte d'après le carton de Raphaël.

la tête des époux, indifférents à la fête et perdus dans leur amour.

La plus gracieuse des fables antiques, racontée par le plus grand
peintre de la Renaissance romaine, donnera plus d'une déception à ceux
qui voudront aujourd'hui en ressaisir le charme. Le coloris a souffert de
plusieurs repeints, dont les plus déplorables sont du pinceau de Maratta.
Dans la chambre voisine, la nudité de Galathée et des nymphes est restée

blonde : dans l'histoire de Psyché, les corps des dieux et des déesses sont des académies d'un rouge brique ou d'un ton blafard, qui baignent dans un bleu dur et cru. Les restaurateurs ne sont pas seuls coupables de ces dissonances : Raphaël n'a pu participer à la décoration de la grande *loggia*, comme à l'exécution de la fresque de Galathée. Tout l'ouvrage a été laissé aux disciples, notamment à Giovanni d'Udine qui a peint les guirlandes, à Jules Romain et à Francesco Penni, qui ont peint les personnages. Ceux-ci ont alourdi, avec le coloris, les formes elles-mêmes. Les Olympiens sont plus robustes et plus épais que les modèles qui avaient posé pour l'Incendie du Borgo.

Cependant peu à peu les regards patients dégageront de ces lourdeurs le carton de Raphaël. Ils goûteront la perfection plastique des groupes, si ingénieusement pliés au cadre de verdure, et les attitudes qui, dans le repos même, expriment la force ; ils jouiront de la sérénité de cette vie olympienne, mesurée et grave jusque dans la colère et la passion, et du calme de ces larges visages que ne pâlira jamais la mort. Les dieux ignorent les tristesses de la pensée, et leur regard a une simplicité presque animale qui fait penser aux « yeux de bœuf » de la déesse Héra.

Pour achever l'impression, il faudrait supprimer en imagination les vitrages qui ont fermé les arcades et dresser, au-dessous du festin des dieux, la table où Chigi recevait ses amis, devant le jardin embaumé. Les hommes qui s'asseyaient à cette table, un Arétin, un Bembo, étaient à la fois des voluptueux et des savants. En eux revivait la Rome alexandrine du temps de César et d'Auguste. Ils déchiffraient à première vue les énigmes mythologiques qui couvrent le plafond de la salle de Galathée, comme jadis un docteur du moyen âge lisait les sculptures théologiques d'un portail. Pour eux les jouissances de la pensée curieuse et les plaisirs des sens étaient inséparables. Aux banquets de Chigi trônait une rivale vivante de Vénus, la courtisane Impéria.

C'est la Farnésine, plutôt que le Vatican, où règne l'ombre sévère de Jules II, qui donne le décor historique du règne de Léon X. C'est sous les voûtes de sa *loggia* qu'il est le plus facile de comprendre le scandale de ceux qui, venus de loin et du Nord, trouvaient dans le cercle des humanistes et des cardinaux une Rome païenne. Les Italiens et le pape lui-même ne s'avisèrent de cette révolte des consciences que lorsqu'elle eut provoqué une révolution religieuse. Luther avait visité Rome quatre ans avant que Raphaël ne peignît la Galathée. L'histoire de Psyché était achevée depuis quelques mois à peine, quand le moine saxon fit brûler à Wittenbach la bulle d'excommunication lancée contre lui par Léon X.

Les années de vie libre et joyeuse que la Cour de Rome et les raffinés de la ville avaient menées sous le regard des « dieux heureux », furent brèves comme un renouveau. Le 6 avril de l'année 1520, Raphaël mourut ; ce jour était l'anniversaire de sa naissance ; il avait trente-sept ans. C'était moins le plaisir qui l'avait usé que le travail sans trève auquel il était condamné depuis la mort de Bramante et le départ de Michel-Ange, qui avaient fait de lui le directeur unique des travaux et des œuvres d'art entrepris à Rome. Peut-être le climat de la ville et le « mauvais air » des terrains de fouilles dont il était l'inspecteur ne furent-ils pas étrangers à la fièvre violente qui, en huit jours, le mit au tombeau. Les obsèques du peintre furent dignes d'un pape. Une foule immense accompagna son cercueil sous la rotonde du Panthéon, où il repose encore.

Enlevé à l'âge où d'autres commencent à produire, quelle œuvre Raphaël laissait à Rome ! Quelles richesses il y eût ajoutées, si le temps ne lui avait pas été mesuré ! Au chevet du lit funéraire, dressé dans le palais que l'artiste habitait près du Vatican, était

Fig. 65. — L'assemblée des Dieux. Fresque de la Farnésine, peinte d'après le carton de Raphaël.

exposé un tableau à peine achevé. C'est la *Transfiguration* qui, placée
sur le maître-autel de San Pietro in Montorio, transportée en France en

Fig. 64 — Le Christ glorieux. Fragment du tableau de la Transfiguration,
dernière œuvre de Raphaël. Pinacothèque du Vatican.

1797 et exposée au musée du Louvre parmi les merveilles de l'art, est
entrée, après son retour, dans la Pinacothèque du Vatican.

Raphaël avait trouvé, au milieu de son labeur, le temps de se recueillir,
pour travailler à ce tableau à qui ses adversaires, les partisans de Michel-
Ange, voulaient opposer un autre tableau d'autel, commandé à Sebastiano
del Piombo par le même donateur, le cardinal Giulio de Médicis. En
contemplant la dernière œuvre du maître, il faut se souvenir que toute

la moitié inférieure a été comme enfumée par le pinceau de Jules Romain. Le dessin reste une merveille de science. Dans le groupe terrestre qui représente le possédé amené aux Apôtres pendant la Transfiguration du Christ, la mère de l'enfant, agenouillée et les bras vus en raccourci dans un geste compliqué, a la froide perfection des figures de l'Incendie du Borgo. Le possédé, soutenu par son père et sa sœur, les Apôtres qui montrent le rocher sur lequel ils ne voient plus leur Maître, forment des groupes aussi savants et aussi expressifs que ceux qui occupent la scène dans les tapisseries des Actes des Apôtres. Au fond, la Transfiguration elle-même a la majesté du triomphe du Christ, dans la Chambre de la Signature. Ce tableau complexe, où plusieurs étapes de l'œuvre accomplie semblent se résumer au-dessous de la figure divine la plus rayonnante que le peintre eût jamais conçue, n'est-ce pas le digne testament de Raphaël ?

La mort de l'artiste qui avait fait de Rome le centre de l'univers artistique fut une date fatale. La même année disparut le banquier Chigi, qui avait partagé avec le pape la gloire dont les maîtres de l'art sont les dispensateurs; l'année suivante ce fut le tour de Léon X. Avec cette génération finit à Rome la Renaissance du paganisme. Le déclin va commencer pour la Renaissance de l'art.

CHAPITRE V

LA VIEILLESSE DE MICHEL-ANGE

Au lendemain de la mort de Léon X, une réaction s'annonce. Le
pape élu, qui prend le nom d'Adrien VI, est un Hollandais, dévot et
froid, qui vient du Nord comme un messager de la Réforme. Le culte
des dieux de marbre est proscrit; le pape lui-même ferme la terrasse du
Belvédère, dont ses prédécesseurs avaient fait un musée d'antiques, et en
garde la clef. Mais à peine les Romains sont-ils revenus de leur stupeur
que le vieillard succombe. Le Conclave s'empresse de revenir à un
Médicis : la tiare est donnée au cardinal Giulio, qui avait commandé à
Raphaël la *Transfiguration* et s'était fait bâtir par lui sur les pentes du
Monte Mario une villa digne d'un empereur romain. Clément VII fit
continuer la décoration de cette villa par les élèves de Raphaël. Sans
doute, plus sévère pour les mœurs que son oncle Léon X, il expulsa de
l'Etat pontifical le premier des disciples du maître, Jules Romain,
qui était tombé de la mythologie dans l'obscénité et avait dessiné des
gravures pour le plus immonde des écrits de l'Arétin. Mais Giovanni
d'Udine restait, avec bien d'autres, pour achever les peintures légères et
profanes du grand portique d'où la vue s'étendait sur le Tibre aussi
magnifiquement que du haut de. la *loggia* de Raphaël.

Aujourd'hui la villa de Clément VII, qui fut acquise par une fille de
Charles-Quint, l'infante Marguerite de Parme, et garde le nom de Villa
Madame, est abandonnée, et les constructions décorées par les élèves de
Raphaël ont pris, au milieu des herbes sauvages, l'aspect de ces ruines
antiques où les peintres de la Renaissance avaient trouvé les modèles
des « grotesques ».

Le luxe de la cour de Léon X recommençait à parer la cour du
second pape Médicis. L'orfèvre Benvenuto Cellini venait chercher
fortune à Rome. Mais une calamité que la ville n'avait point endurée

depuis la fin du grand schisme réduisit à néant les espérances des artistes,
avec une quantité d'œuvres d'art.

Sept ans après la mort de Raphaël, en 1527, Rome fut prise d'assaut
par les hordes du connétable de Bourbon. Le capitaine français, en
montant l'un des premiers à l'échelle contre une muraille du Borgo,
tomba mortellement frappé d'une arquebusade, que Cellini, dans ses
Mémoires, se vante d'avoir ajustée. Il fut terriblement vengé par les

Fig. 65. — Le palais Farnèse, bâti pour le pape Paul III.

soldats à qui il avait promis le plus riche butin du monde. Le Vatican fut
envahi et saccagé, tandis que le pape s'enfuyait par la galerie couverte
d'Alexandre VI dans le Château Saint-Ange. Rome fut laissée sans
défense au massacre et au pillage. Les lansquenets espagnols, dans la
capitale du monde catholique, respectaient les églises et s'enivraient de
meurtres. Les reîtres d'Allemagne, qui avaient marché contre Rome en
chantant le choral de Luther, se chargeaient des ornements du culte
papiste, buvaient dans les vases sacrés. Ils auraient voulu anéantir la
grande prostituée assise sur les sept collines. Nombre d'artistes furent
dépouillés, malmenés ou blessés : plusieurs s'enfuirent dès que le pape

fut parvenu à négocier l'éloignement des barbares qui occupaient les portes de Rome.

La Papauté ne se releva pas de l'affront que lui avaient infligé les luthériens du connétable de Bourbon : nul pontife n'essaya plus d'élever son pouvoir en Italie et en Europe à la hauteur des ambitions d'un Jules II. La ville même avait perdu une partie de sa population. Clément VII passa la fin de son pontificat à réparer le désastre dans la mesure où il pouvait être réparé. Il ne put rendre au Vatican, où les pillards n'avaient laissé que les murailles, avec leurs fresques, les richesses qui s'étaient accumulées dans le palais des papes depuis Nicolas V. Mais il eut le mérite de rappeler à Rome, en 1533, Michel-Ange, qui venait d'achever à Florence les tombeaux des Médicis : un an après le retour du maître, Clément VII mourut.

Une nouvelle période de splendeur artistique s'ouvrit à Rome dès l'avènement de Paul III, qui succéda à Clément VII en 1534. Le nouveau pape était un Farnèse, oncle de la belle Giulia qui, en devenant la maîtresse d'Alexandre VI, avait commencé la fortune de sa famille.

Clément VII, avant de porter la tiare, avait construit une villa sans pareille en Italie; Alexandre Farnèse avait fondé au Campo dei Fiori, près du palais de la Chancellerie, un palais énorme et massif, dont les murs sortaient seulement de terre, lorsque le cardinal prit le nom de Paul III.

C'est le palais Farnèse, qui a été loué, après 1870, par son dernier possesseur, le roi détrôné de Naples, à l'ambassade de France auprès du roi d'Italie et qui a été récemment acquis par le gouvernement français. Le Florentin Antonio de San Gallo a donné les plans de l'édifice : il a négligé la parure de pilastres que son maître Bramante avait donnée au palais Torlonia, à l'imitation du palais de la Chancellerie. L'extérieur du palais Farnèse, avec ses murailles de briques, que des bossages puissants renforcent aux angles, a la sévère nudité des palais florentins. La hauteur des étages est colossale, comparée aux maisons voisines, et donne cette impression de grandeur surhumaine qui convient aux monuments romains. La cour, dont le premier étage était autrefois ouvert comme les arcades du rez-de-chaussée, imite, à l'exemple de la cour du palais de Venise, l'ordonnance du théâtre de Marcellus. Le portique à triple nef est une création d'une majesté nouvelle, dont l'honneur revient à Antonio de San Gallo. Mais le maître qui a bâti le troisième étage sur la cour et a couronné l'extérieur du monument de sa corniche ample et superbe n'est autre que Michel-Ange (fig. 65).

Paul III, à peine élu, avait négocié avec l'artiste que son prédécesseur avait fait revenir de Florence. Il voulait le détourner une fois de plus du tombeau dont les héritiers de Jules II pressaient l'achèvement,

Fig. 66. — L'ascension des élus. Fragment du Jugement dernier, fresque
de Michel-Ange, dans la Chapelle Sixtine.

l'engager dans des entreprises nouvelles, l'attacher à son règne et à Rome. Un bref du 1ᵉʳ septembre 1535 investit Michel-Ange d'une sorte de dictature artistique, comparable à celle que Raphaël avait reçue de Léon X. A l'âge de soixante ans, le maître était nommé premier architecte, sculpteur et peintre du Palais apostolique.

Michel-Ange était rentré en 1533 dans la Chapelle Sixtine, où il n'avait pas revu son œuvre depuis plus de vingt-cinq ans. La décoration peinte de la chapelle paraissait complète : il n'y manquait que les tapisseries de Raphaël, volées dans le sac de Rome. Une seule paroi avait déjà souffert; celle de la façade. L'architrave de la porte, en se rompant sous le règne de Léon X, avait entraîné l'ouverture d'une brèche dans la muraille et dans les deux fresques de Signorelli et de Ghirlandajo qui achevaient l'histoire de Moïse et du Christ. Michel-Ange eut l'idée audacieuse de couvrir du haut en bas non seulement la paroi endommagée, mais encore la paroi qui lui faisait face, derrière l'autel. Il ne craignit point de faire disparaître l'œuvre de ses prédécesseurs et même quatre groupes des ancêtres du Christ qu'il avait peints en haut des murailles, pour préparer de vastes surfaces où son génie pourrait se donner carrière comme sur l'énorme voûte.

A la grande épopée chrétienne de la Création et de la Rédemption, dont les épisodes se déroulaient dans la chapelle pontificale, Michel-Ange voulait ajouter un prologue et un épilogue. Son imagination l'entraîna au delà des temps, devant deux scènes formidables : l'une antérieure à l'apparition de la terre, l'autre postérieure à la fin de l'humanité : la chute des anges rebelles et le Jugement dernier.

Le premier de ces tableaux gigantesques devait couvrir la paroi de l'entrée : l'esquisse ne fut jamais dessinée et c'est seulement à la fin du XVIe siècle que de médiocres élèves de Michel-Ange remplacèrent par des scènes tumultueuses les restes des peintures du XVe siècle. Le *Jugement dernier* était commencé en 1535; il fut dévoilé en 1541, le jour de Noël, « pour l'étonnement de Rome et du monde ».

La fresque monte jusqu'à la voûte et s'impose violemment au visiteur dès le seuil de la chapelle. Encrassée par la suie des flambeaux bien plus que la voûte, elle a subi des repeints qui l'ont tachée de brun et de bleu noir. La composition reste confuse et obscure. Michel-Ange, rebelle au joug de la tradition, a rompu avec l'ordonnance à deux étages, charpentée comme la scène d'un Mystère, que Raphaël avait adoptée pour le Triomphe du Saint-Sacrement.

Plus d'assemblée céleste, symétriquement disposée autour du trône du Juge et du tribunal des apôtres. Les élus forment une mêlée où se confondent les anges qui, selon l'iconographie ancienne, montrent au ciel et à la terre les instruments de la Passion. Au milieu de l'avalanche humaine qui semble précipitée de la voûte, l'ascension des élus se distingue à peine de la chute des réprouvés (fig. 66).

Tous les corps sont nus. C'est une audace qui peut étonner ceux mêmes qui ont vu à Orvieto, dans la chapelle peinte par Signorelli, les

membres musclés des ressuscités. Dans les *Jugements derniers* du
XV*e* siècle, — qu'il soient de Fra Angelico[1] ou de Roger van der Weyden[2],
— le nu était, comme au moyen âge, un signe de misère ou d'infamie. Les
ressuscités sortent de la terre nus ou à peine voilés d'un linceul. Mais
ceux que la parole du Juge et la balance de l'Archange ont désigné pour
le Paradis reçoivent, à la porte de la Jérusalem céleste ou à l'entrée du
verger glorieux, un vêtement pareil à celui qu'ils portaient de leur vivant.
Des anges sont préposés à ce vestiaire. C'est avec sa chape et sa mitre,
sa cotte et son jupon que l'évêque et la dame s'assoient à la droite
du Seigneur. Seuls les damnés gardent la honte de leur nudité, au
milieu des corps monstrueux des diables. Dans le *Jugement dernier* de
Michel-Ange, les élus et les anges sont nus comme les damnés et les
démons. C'est seulement après la mort du peintre que des papes scrupuleux firent habiller ces géants de quelques draperies. Quand le maître
dévoila son œuvre, la Vierge était nue, comme son Fils : nouvelle Eve,
aux pieds du nouvel Adam (fig. 67).

Le corps humain, dont Michel-Ange avait fait jouer tous les
muscles dans les attitudes compliquées des *ignudi* de la voûte, n'est plus
seulement pour l'artiste vieilli l'objet principal de la peinture et de la
sculpture; il en devient l'objet unique. Dernier triomphe de la Renaissance et le plus inattendu de tous. L'antiquité est dépassée. Le paradis
de Michel-Ange a moins de pudeur que l'Olympe de Raphaël. Le
Dieu fait homme, les saints, les saintes femmes ont rejeté la draperie
que gardaient la plupart des dieux grecs, pour se montrer dans la nudité
des athlètes et des Titans.

La sérénité antique est aussi étrangère à cette foule de bienheureux
que ces vertus chrétiennes, charité, concorde, joie, dont la théologie et
l'art du moyen âge avaient fait les « béatitudes » des élus. Depuis
l'effrayant squelette qui reprend vie et les damnés qui grimacent dans la
barque de Caron jusqu'au plus haut des cieux passe le même vent
d'épouvante et de colère. Le Christ ne regarde que les maudits qu'il
foudroie d'un geste herculéen. Les martyrs brandissent les instruments
de leur mort, comme pour animer le Juge contre les persécuteurs et les
indifférents. Une jeune sainte se cache éperdue contre le corps puissant
de sa mère.

L'œuvre, avec son tumulte, ses nudités et sa puissance de terreur,
n'est ni païenne, ni chrétienne : elle est infernale. Unique comme le

---

[1] Académie des Beaux-Arts à Florence.
[2] Hospice de Beaune (Côte-d'Or).

génie tourmenté de Michel-Ange, elle légitimait le scandale et l'admiration. Les moins violents s'étonnèrent de voir la chapelle du Vatican transformée en salle de bains. L'Arétin, qui avait écrit au peintre pour lui offrir tout un scénario de Jugement dernier, riche en allégories, avait été courtoisement remercié; il ne pardonna pas à Michel-Ange et, feignant une pieuse indignation, lança contre l'artiste infidèle aux traditions de l'art catholique l'accusation absurde et perfide de luthéranisme. Michel-Ange avait mal choisi son heure pour peindre le plus énorme tableau de nu qu'il y ait au monde. La Réforme avait provoqué une Contre-Réforme; si le concile réuni pour restaurer le dogme et la discipline se trouvait assemblé à Trente, dans une ville de l'Empire, c'est la Papauté et la cour de Rome qui dirigeaient le mouvement. Un an à peine après l'achèvement du Jugement dernier, la ville des papes devenait le siège officiel de l'Inquisition générale. Le premier cardinal grand-inquisiteur, le napolitain Caraffa, fut proclamé pape en 1554, sous le nom de Paul IV; peu de temps avant d'établir l'Index pour les livres, il manifesta la volonté de détruire entièrement l'œuvre de Michel-Ange. Son successeur fit voiler par des draperies peintes les détails les plus choquants. Un élève de Michel-Ange, Daniele de Volterra, qui avait peint la grande Descente de Croix de la Trinità dei Monti, fut chargé de cet habillage; il y gagna le surnom de culottier : « *braghettone* ».

Cependant les artistes entouraient le Jugement dernier d'une admiration aussi fanatique que l'hostilité des dévots. Nul modèle ne pouvait être plus dangereux. Ce qui avait fait la grandeur des prophètes de la voûte et du Jéhovah lancé dans le mouvement créateur, ce n'était point seulement l'énormité des proportions, mais la puissance épique d'une âme dantesque. Le *Jugement dernier* n'est plus que le poème de la force et de la terreur : la noblesse des âmes des élus a cessé de transparaître à travers la masse des corps. Il ne reste que le spectacle d'une humanité colossale et impossible. Dans le *Jugement dernier*, les êtres créés par Michel-Ange sont vraiment des ressuscités, issus du cadavre disséqué et de l'écorché. Ils sont des exagérations anatomiques et des absurdités physiologiques. Tous leurs muscles sont tendus et gonflés à la fois, dans un effort universel, qui méconnaît les détentes dont s'accompagne toute tension dans l'équilibre de la vie. Il manque même à ces créatures formidables les couleurs de la vie. Quand Michel-Ange peignit le *Jugement dernier*, il y avait vingt-cinq ans qu'il n'avait repris le pinceau : il a fait œuvre de sculpteur et a entassé sur la paroi des corps pesants et livides.

Les peintres de Florence vinrent à Rome pour s'inspirer à l'envi
d'une œuvre prodigieuse qui n'avait rien de ce qui peut faire, dans les
œuvres médiocres, le charme et le prix d'une peinture. Ils ne surent que
copier l'enveloppe boursouflée des êtres que Michel-Ange avait animés

Fig. 67 — Le Christ du Jugement dernier, de Michel-Ange.
Chapelle Sixtine.

d'abord de toute sa grande âme, ensuite de sa volonté de créateur. Le
maître lui-même ne peignit plus que pour imiter son *Jugement dernier*.

A peine la grande fresque de la Sixtine était-elle achevée que Michel-
Ange fut chargé de peindre deux fresques importantes, dans la nouvelle
chapelle que Paul III avait fait construire par Antonio de San Gallo : la
Chapelle Pauline fit pendant à la Chapelle Sixtine, dont elle était séparée

par la Salle royale. Les deux fresques de Michel-Ange représentent la Conversion de saint Paul et le Crucifiement de saint Pierre. Les grappes d'anges énormes et nus qui s'abattent vers saint Paul renversé semblent détachées de la trombe vivante qui s'écroule au fond de la grande chapelle. Michel-Ange acheva ces deux fresques en 1550, à l'âge de soixante-quinze ans : ce fut sa dernière œuvre de peintre.

Le *Jugement dernier* et la Chapelle Pauline n'avaient guère laissé au maître le temps de manier le ciseau. Le tombeau de Jules II s'achevait tant bien que mal, avec la collaboration de Raffaele de Montelupo ; Michel-Ange avait dû prier Paul III de lui accorder quelque répit pour sculpter de sa main, comme il s'y était engagé, les médiocres statues de Léa et de Rachel.

Le tombeau de Paul III, le pape dont l'écusson surmonte le *Jugement dernier*, porte l'empreinte de Michel-Ange, mais il a été sculpté par Guglielmo della Porta. Il se trouve au fond de la basilique Vaticane, près du lieu que Michel-Ange destinait d'abord au mausolée qu'abrite aujourd'hui San Pietro in Vincoli. Le pape de bronze, avec sa longue barbe et son front sourcilleux, est comme un souvenir de la statue de Jules II, que Michel-Ange avait fondue à Bologne et qui avait disparu. Sur le sarcophage deux femmes sont assises, dans l'attitude des figures allégoriques qui gardent à Florence les tombeaux des Médicis. L'une, la Sagesse, a le visage décharné et la carrure masculine de la Sibylle de Cumes, sur la voûte de la Chapelle Sixtine. L'autre, la Justice, est belle et nue comme une courtisane du Titien. En sculptant ce corps splendide, qu'un pape a fait voiler, Guglielmo della Porta a montré un sens voluptueux de la nature vivante qui manqua au sculpteur de la « Nuit ».

Les derniers marbres que Michel-Ange ébaucha sont des œuvres douloureuses. En 1547, le vieux maître a perdu celle à qui il avait voué, à soixante ans, un amour religieux : Vittoria Colonna, la veuve du marquis de Pescara. La pieuse poétesse, venue de Viterbe à Rome, pour se trouver plus près de son illustre ami, y professait un christianisme de conscience, fondé sur l'Evangile et la justification par la foi : ses tendances protestantes allèrent jusqu'à donner de l'ombrage à l'Inquisition. Elle détourna doucement l'artiste qui achevait le *Jugement dernier* vers la méditation des mystères de douleur. Pour Vittoria Colonna Michel-Ange reprit, dans un dessin, le thème de la *Pietà*, — celui du groupe qu'il avait sculpté à Rome cinquante ans auparavant. Après la mort de son amie, il commença pour lui-même, et sans doute pour son propre

tombeau, un groupe bizarre et tragique, où le Joseph d'Arimathie qui
soutient le cadavre a, sous un capuchon dantesque, le visage écrasé et
ravagé de Michel-Ange. Ce groupe, qui resta inachevé, à cause d'un
défaut du marbre, est aujourd'hui placé derrière l'autel de la cathédrale

Fig. 68. — Palais du Sénateur, sur la place du Capitole (Architecture de Michel-Ange).

de Florence. Après l'avoir abandonné, Michel-Ange, si l'on en croit le
témoignage de Condivi, reprit un autre marbre, dans lequel avait déjà été
ébauchée une autre *Pietà*, différente de la première et beaucoup plus
petite. Peut-être faut-il reconnaître ce marbre, qui a reçu les derniers
coups du ciseau de Michel-Ange, dans un bloc qui se trouve à Rome,
au palais Rondinini ; c'est une apparition confuse et mystérieuse comme
les esclaves du Jardin Boboli.

Dans les quinze dernières années de sa vie, Michel-Ange a cessé de peindre ; il n'a sculpté que deux ébauches. La mort de Vittoria Colonna, en frappant l'artiste au cœur, semblait avoir tari la source de vie surhumaine qui avait animé un peuple de géants et de héros. Mais Michel-Ange n'avait pas perdu son ardeur aux grands travaux : s'il renonça à la peinture et s'il négligea la sculpture, il termina sa carrière en achevant ou en construisant des monuments qui auraient suffi à la gloire d'un architecte.

Quelques mois avant la marquise de Pescara était mort à Rome Antonio de San Gallo, l'architecte florentin qui dirigeait officiellement toutes les grandes constructions de Paul III, depuis le palais Farnèse jusqu'à l'interminable basilique de Saint-Pierre. Sa succession fut donnée par le pape à Michel-Ange, comme la succession de Bramante avait été donnée par Léon X à Raphaël. Michel-Ange fit élever le troisième étage du palais Farnèse et dessina la puissante corniche qui fait le tour de l'édifice. Il avait projeté un agrandissement colossal de la construction ; une *loggia*, analogue à celle de la cour, devait occuper toute la largeur du palais et dominer les jardins qui s'étendaient jusqu'au Tibre ; un pont devait unir ces jardins à ceux du jardin de la villa de Chigi, que le cardinal Farnèse acheta en 1580. La mort du pape Paul III compromit l'exécution du projet de Michel-Ange ; c'est seulement après la mort du maître que Giacomo della Porta construisit, d'après le plan du maître, la magnifique *loggia* qui existe toujours et qui n'a que trois arcades.

Après la mort de Paul III, le nouveau pape, Jules III, confirma solennellement à Michel-Ange les titres et les pouvoirs dont le maître avait été investi. Le successeur de Jules III, Marcel II, ne régna qu'un mois : le seul monument qui perpétue son nom est la messe de Palestrina, dite du pape Marcel. Quant à Paul IV, cet ancien inquisiteur est le pape qui songea à faire disparaître de la Chapelle Sixtine le *Jugement dernier* de Michel-Ange.

Pie IV, un Milanais, qui portait le nom de Médicis, sans appartenir à la grande famille florentine, reprit la suite des entreprises monumentales. En dehors des travaux de Saint-Pierre, la plus importante fut la décoration de la place du Capitole. C'est Paul III qui avait formé le projet de transformer cette place, en la rendant digne de la ville dont elle était le centre et des souvenirs glorieux que perpétuaient, sous des noms vains et pompeux, les magistratures municipales établies dans les palais du Sénateur et des Conservateurs. Il fit transporter dès 1548 sur la place du Capitole la statue équestre de Marc-Aurèle, qui devait former le motif central du décor ; Michel-Ange dessina le piédestal. Les travaux,

interrompus à la mort de Paul III, continués par Pie IV, se prolongèrent
jusqu'au milieu du XVII° siècle. Cependant c'est Michel-Ange qui a bâti
l'escalier superbe vers lequel s'élèvent les regards de ceux qui ont monté
la longue rampe d'accès. C'est d'après les dessins du maître que les trois

Fig. 69. — Coupole de Saint-Pierre (Architecture de Michel-Ange).

palais ont été construits, en l'espace de près de cent ans : au fond le
palais du Sénateur, à droite, le palais des Conservateurs ; à gauche le
palais qui renferme le musée du Capitole. Tous trois se distinguent par
l'emploi d'un ordre « colossal », dont les pilastres corinthiens sans canne-
lures, énormes et rudes, franchissent deux étages. Michel-Ange aimait cette
ordonnance, qu'il a employée largement dans les projets dessinés par lui
pour l'achèvement de Saint-Pierre. L'architecture où il logeait les pygmées

humains semble faite pour des géants pareils à ceux qu'il avait peints
autrefois. Le palais du Sénateur, qui se montre au-dessus de l'escalier
solennel, sur le piédestal d'un soubassement énorme, domine les deux
autres palais et la ville (fig. 68). La majesté emphatique du décor fait
oublier la petitesse de la place qui porte un si grand nom.

Au temps de Pie IV, Michel-Ange, sans négliger les constructions du Capitole, entreprit deux édifices de proportions colossales :
l'église de Santa Maria degli Angeli, qui emprunta les murs et les
colonnes du *tepidarium* des Thermes de Dioclétien et fut comme une
restauration brillante de la construction antique; la *Porta Pia*, arc de
triomphe massif et pesant qui rappelle, à l'une des entrées de l'enceinte
de Rome, le nom du dernier pape pour lequel travailla Michel-Ange.

Tout en préparant des ouvrages nouveaux que ses élèves ne suffiront
point à achever, le maître ne se détournait pas de la grande œuvre que
Paul III lui avait confiée : l'achèvement de Saint-Pierre.

Raphaël, pour satisfaire aux scrupules de quelques dignitaires ecclésiastiques attachés aux traditions, n'avait pas hésité à modifier le dessin
laissé par Bramante, de manière à faire de la croix grecque du plan une
croix latine, dont le bras le plus long correspondait à la nef. Michel-
Ange revint à la conception de Bramante, pour laquelle il professait une
admiration sans réserves : « Qui s'éloigne du plan de Bramante, écrivait-
il en 1546, s'éloigne de la vérité. » Il donna au chœur et aux bras du
transept une longueur égale; il voulait donner à la nef une même
longueur et la terminer à l'intérieur, comme les autres bras de la croix,
par une sorte d'abside semi-circulaire. Le projet de Bramante ne fut
transformé qu'à l'extérieur du monument : Michel-Ange fit disparaître
les portiques et les tours, qu'Antonio de San Gallo avait conservés, en les
surchargeant de colonnades superposées.

Pour voir aujourd'hui le Saint-Pierre de Michel-Ange, depuis la base
jusqu'au sommet, il suffit de passer derrière la basilique, en suivant la
voie qui conduit au musée. La masse du chevet et du transept est écrasante et chaotique. La rondeur énorme des absides se dégage pénible-
ment de la confusion des pilastres, des fenêtres et des niches. Au-dessus
de la frise, supportée par un ordre colossal qui monte d'un élan depuis le
soubassement, l'attique est mesquin, avec ses fenêtres rectangulaires que
semble écraser une ornementation bizarre. Rien n'est plus gigantesque
dans l'œuvre de Michel-Ange; rien, en même temps, n'est plus incorrect
et plus choquant pour des yeux habitués aux proportions harmonieuses et
aux profils purs de l'antiquité ou de la Renaissance. Mais au-dessus de

ce laborieux désordre monte la création de génie, — la coupole (fig. 69). Seize contreforts épaulent le tambour et lui donnent l'apparence d'une force inébranlable. Les colonnes accouplées au dos des contreforts composent un portique aérien. Si la saillie de l'entablement paraît brusque et tranchante au-dessus des colonnes, la faute n'en est point à Michel-Ange, qui voulait placer un couple de statues sur chacun des contreforts et

Fig. 70. — Palais Massimo. (Œuvre de Baldassare Peruzzi.

ménager ainsi une articulation vivante et souple entre le tambour et la coupole. L'attique très élevé est aussi harmonieux et aussi riche, avec sa parure de festons, que celui de l'église elle-même est discordant et pauvre. Des nervures fortement accentuées continuent la ligne des contreforts sur la courbe de la coupole. Cette courbe n'est pas une des figures dont la géométrie donne la formule. Elle ne se laisse enfermer ni dans un cercle, ni dans une ellipse : sa souplesse libre et audacieuse fait penser au galbe des vases grecs.

En dessinant la coupole de Saint-Pierre, avec ses nervures et son lanternon, Michel-Ange se souvenait moins de Bramante que de Brunelleschi : il s'était fait envoyer de Florence les mesures exactes de la coupole de la cathédrale. Le dernier survivant des grands maîtres de la Renaissance avait achevé de développer une conception réalisée une première fois cent cinquante ans auparavant, à l'aurore de l'art nouveau. Mais c'est Michel-Ange qui a conçu les puissants contreforts et la courbe dont la beauté reste unique et inexprimable. C'est lui qui a exécuté le modèle de terre, dont une reproduction est conservée

Fig. 71. — Palais Spada, élevé sur le modèle d'un édifice dessiné par Raphaël.

dans l'intérieur de l'un des piliers de Saint-Pierre. C'est lui qui a dirigé les dispositifs du prodigieux échafaudage et inventé l'artifice de la triple calotte qui devait assurer la stabilité de la construction élevée à 123 mètres de haut.

Michel-Ange ne vit pas la coupole de Saint-Pierre s'arrondir dans les airs. Le tambour seul était construit, lorsque le vieillard mourut, le 18 février 1564, au coucher du soleil. Il demandait dans son testament que son corps fût transporté à Florence. Mais son œuvre garde sa mémoire présente à jamais dans la ville qu'il n'avait pas quittée dans ses trente dernières années, et où il avait reçu, en 1546, le titre de citoyen romain. La coupole, qui annonce de loin au voyageur l'approche de la

ville, évoque inséparablement les noms de Rome et de Michel-Ange. La
pensée du maître semble planer sur les ruines et les églises, du haut des
deux sommets historiques, la colline du Capitole et le dôme de Saint-
Pierre.

Michel-Ange avait atteint l'âge de quatre-vingt-dix ans, il survivait
d'un demi-siècle à Raphaël. Les artistes qui avaient illustré le règne de

Fig. 72. — Villa Médicis, bâtie pour le cardinal de Montepulciano.

Léon X avaient disparu pour la plupart. Avant le sac de 1527, Jules
Romain avait déjà porté à Mantoue sa verve puissante et y faisait régner
l'art mythologique qui avait composé la parure de la villa de Chigi. Seul
de sa génération, Giovanni d'Udine mourut la même année que Michel-
Ange. Il continua la tradition de la peinture décorative et des grotesques,
telle qu'elle s'était développée dans l'atelier de Raphaël; sous le règne de
Pie IV, il peignit une treille de verdure au troisième étage des *loggie* de
Bramante.

L'architecture n'était pas tombée tout entière sous l'empire de Michel-
Ange. En 1535, Baldassare Peruzzi, l'architecte de la Farnésine, commençait le palais Massimo. Pour unir deux corps d'habitation déjà bâtis

et suivre le tracé d'une rue serpentante, il dessinait une façade convexe, qui semble annoncer les fantaisies du baroque. Mais sur cette muraille audacieusement bombée les détails conservent les formes sévères et pures de la Renaissance (fig. 70). Le palais Spada, bâti pour un cardinal vers 1540, sous le règne de Paul III, a une façade richement décorée de festons, d'inscriptions, de niches et de statues, à l'imitation d'un palais que Branconi dell'Aquila s'était fait construire vingt ans auparavant, près du Vatican, sur les dessins de son ami Raphaël (fig. 71).

D'autres œuvres d'architecture mariaient les lignes élégantes d'une villa avec les couleurs fraîches de la nature, que Michel-Ange, le peintre de l'homme nu sur le roc désert, semble n'avoir jamais vues. En 1580, Montaigne, voyageur peu sensible aux richesses artistiques de Rome, admirait fort « les vignes, qui sont des jardins et lieux de plaisir, de beauté singulière. » « Là, dit-il, j'ai appris combien l'art se pouvait servir bien à point d'un lieu bossu, montueux et inégal. » Les Farnèse avaient créé un jardin de conte de fées sur les ruines du Palatin. Au milieu du XVIe siècle, la Vigne du pape Jules III avait reproduit avec plus de fantaisie les portiques de la Villa Madame, dans un immense jardin qui s'étendait hors de la Porta del Popolo. Les plus raffinés, pour remplacer la polychromie des *sgraffitti*, ornent de marbres antiques la façade de leur habitation de plaisance. L'archéologue Pirro Ligorio et l'architecte Andrea Lippi font de la villa du pape Pie III et de la villa du cardinal de Montepulciano de véritables mosaïques de reliefs grecs et romains, parmi lesquels la science moderne a relevé des fragments d'une valeur exceptionnelle. La villa du pape est encore entourée par les jardins inaccessibles du Vatican ; celle du cardinal, qui couronne le Pincio, regarde d'un côté la ville, de l'autre un parc aux ombrages profonds. [La villa de Montepulciano, achetée en 1600 par un cardinal de la famille grand-ducale de Toscane, est devenue la Villa Médicis (fig. 72). La terrasse du parc, avec son « Bosco » où ont rêvé de grands artistes, a pris une beauté sauvage que n'avait point le jardin du XVIe siècle. Pour vivre quelques heures dans un parc qui est resté ce qu'il était au temps de Paul III, il faut aller à Tivoli, à l'ombre des cyprès de la villa que Pirro Ligorio, l'architecte de la Villa Pia du Vatican, éleva en 1550 pour le cardinal Ippolito d'Este : là, les cascades ont continué leurs jeux et leurs murmures, le long des gradins de la colline sur laquelle s'étagent les terrasses de l'incomparable jardin.

CHAPITRE VI

LA FIN DE LA RENAISSANCE

Dans la seconde moitié du XVIᵉ siècle, Rome qui ne compte plus au nombre des puissances politiques et militaires, a repris le rang de capitale religieuse qu'elle avait perdu sous Léon X, au temps où les scandales de la Renaissance païenne avaient précipité la Réforme. Les décisions du Concile de Trente, en consommant la séparation des communautés protestantes, confirmaient solennellement à la Papauté, forte de ses armes retrempées, l'Inquisition et l'Index, et des Jésuites, ses nouveaux soldats, l'empire absolu du monde catholique. La Contre-Réforme n'avait pu réussir qu'en rompant avec la Renaissance. Plus de mythologie dans les palais pontificaux ; plus de nudités au-dessus des autels. Les « culottiers » se sont attaqués au *Jugement dernier*.

En 1577, Grégoire XIII transforme l'Académie de Saint-Luc ; il préside la séance d'ouverture, accompagnée d'une homélie et de pieux cantiques. Le même pape fait appel aux peintres pour glorifier la Religion dans plusieurs appartements du Vatican. Les fresques de la Salle royale, destinée à la réception des ambassadeurs, sont un raccourci d'histoire de la Papauté, dont les thèmes ont été indiqués par le pieux cardinal Sirleto, « patron des savants et des pauvres ». On reconnaîtra, dans la suite des tableaux, Frédéric Barberousse aux pieds d'Alexandre III, la défaite des Turcs à Lépante, la Saint-Barthélemy. C'était le temps où Venise passait en revue, dans les immenses peintures du Palais ducal les journées glorieuses de son histoire, et célébrait, elle aussi, et la bataille de Lépante, et l'humiliation de Barberousse, qui avait eu pour décor le parvis de Saint-Marc.

Il manquait à Rome un Tintoret et un Véronèse. Les fresques de la Salle royale sont des œuvres pompeuses et glacées, auxquelles ont travaillé des Florentins, élèves de Michel-Ange : Zuccari, devenu « prince » de l'Académie romaine de Saint-Luc, et Vasari, l'historien d'art. C'est à

peine si un détail de décor, comme la vue de Saint-Pierre avant l'achève
ment de la coupole et la démolition de l'ancienne nef, méritent un regard
de ceux qui traversent cette Salle, pour aller frapper à la porte de la
Chapelle Sixtine. Jusqu'à la fin du XVIᵉ siècle, les fresques des palais pontificaux et les bas-reliefs des tombeaux romains ne sont qu'une suite
monotone de narrations officielles, tirées pour la plupart de la vie d'un
pape. Peinture et sculpture ne forment qu'un accessoire pesant et
médiocre des grandes constructions qui s'élèvent à Rome. L'architecture
seule atteste par des monuments majestueux la puissance de la Papauté
et les ambitions de l'Église.

La Compagnie de Jésus, dont Paul III ratifia la règle en 1540, avait
établi son quartier général à Rome. En 1568, elle bâtit, à côté de la maison
professe, le monument qui devait être l'église-mère de l'ordre conquérant.
L'architecte qui donna le plan était un Italien du Nord établi à Rome
depuis une vingtaine d'années, Giacomo Barozzi, dit Vignola, du nom
de son pays natal, près de Modène. Celui-ci n'était point un élève de
Michel-Ange, mais un théoricien qui, en même temps que Palladio,
recueillait les principes de la Renaissance, déjà menacés par les hérésies
artistiques. Le Traité des Ordres, auquel Vignola a laissé son nom, était
appelé à remplacer le Vitruve. L'architecte, en construisant l'église du
Gesù, n'emprunta au Saint-Pierre de Michel-Ange que les dispositions
de la coupole. Il dessina un plan en croix latine et donna une importance
toute nouvelle à la nef, destinée à accueillir la foule attirée par la répu-
tation d'un prédicateur. L'autel était reculé au fond de l'abside. Le long
de la salle pompeuse, enrichie par les hauts pilastres de marbre de couleur et les reliefs encastrés aux parois, s'ouvraient de petites chapelles,
qui formaient, selon le mot de Burckhardt, une « succession de coulisses
(fig. 73) ».

Les détails d'architecture restent dans l'œuvre du théoricien beaucoup plus purs et plus fins que dans les monuments de Michel-Ange. Ces
mérites devaient se perdre promptement dans les imitations de l'église
de Vignola, qui se multiplièrent pendant deux siècles. La compagnie de
Jésus était dotée d'une architecture. Le *Gesù* devint le type des églises
jésuites et, grâce à l'influence des jésuites dans les diocèses, le modèle
d'une foule d'églises épiscopales ou paroissiales. Pour la seconde fois,
depuis le temps où s'était formée l'architecture des basiliques primitives,
Rome allait imposer un type de monument religieux à l'univers chrétien.
Celui-ci fut reproduit jusqu'au Paraguay.

La façade du Gesù n'est pas l'œuvre de Vignola; elle a été dessinée par

Giacomo della Porta, l'architecte qui achevait la coupole de Saint-Pierre.
Ce même artiste bâtit d'autres façades dans le même style, entre autres
celles de l'église de la nation française à Rome, San Luigi dei Francesi
(fig. 74). L'ordonnance en est majestueuse et correcte. L'ère des fantaisies
sans frein, que Michel-Ange avait devancée, n'était pas encore ouverte
à l'architecture. C'est du palais Farnèse que s'inspirent toujours, sous le

Fig. 73. — Église du Gesù, bâtie par Vignola.

règne de Grégoire XIII, les architectes des deux palais destinés à la Compagnie de Jésus et aux services pontificaux : l'énorme Collège romain
(où sont logés aujourd'hui la Bibliothèque Victor-Emmanuel et le Musée
Kircher) et le Quirinal (fig. 75).

Rome, où des édifices considérables avaient été fondés sous le pontificat
de Pie V et de Grégoire XIII, devint un immense chantier de construction
après l'avènement de Sixte V. Ce grand pape ne régna que cinq ans : il
eut le temps de transformer la ville plus largement que n'avait fait Jules II.
Son Bramante fut un Lombard, l'architecte Domenico Fontana. Celui-ci
n'était pas un créateur, mais un artisan méthodique et actif, qui fit ache-

ver des ouvrages commencés depuis longtemps et mena lui-même à fin
les plus lourdes besognes.

Au mois de mai de l'année 1590 la courbe de la coupole de Saint-Pierre
fut fermée. Une inscription au nom de Sixte V, disposée en cercle au-

Fig. 74. — Église San Luigi dei Francesi, œuvre de Giacomo della Porta.

dessous du lanternon, fut la première décoration de la calotte intérieure.
Le Vatican, qui n'avait pas été sensiblement modifié depuis plus de cinquante ans, subit une addition qui altéra une partie importante des
constructions de Bramante. Un corps de bâtiment, destiné à la Bibliothèque pontificale, enrichie par les soins de Sixte V, fut élevé au milieu
de la cour du Belvédère, à la place de l'escalier qui montait à la première terrasse. La construction neuve coupa les immenses murs paral-

lèles et masqua aux appartements de Jules II la vue de la niche colossale qui terminait la perspective de la cour et des parterres. D'ailleurs, le pape avait décidé d'abandonner les « chambres » étroites et tapissées de chefs-d'œuvre où avaient logé ses prédécesseurs. Un agrandissement du Vatican dans la direction du Tibre avait été commencé par Grégoire XIII, qui avait bâti un second bras de *loggie* à trois étages perpendiculairement aux *loggie* de Bramante. A l'extrémité de ces nouvelles

Fig. 75. — Palais du Quirinal.

loggie, Sixte V éleva un énorme bâtiment, sévère et nu, qui, dressant ses murailles devant le palais de Nicolas V et de Jules II, ferma l'horizon à l'Est, du côté de la ville, comme la Bibliothèque le fermait au Nord, du côté du Belvédère. Entre le Vatican de Sixte V et l'ancien palais, il ne resta place que pour une cour, dite aujourd'hui cour Saint-Damase. Les *loggie* à arcades furent continuées sur la troisième face de cette cour, devant le nouveau palais.

Le Vatican où Raphaël et Michel-Ange avaient travaillé ne fut plus qu'un appartement de cérémonie, dont les salles étaient le plus souvent fermées. Sixte V transporta sa résidence dans le bâtiment neuf et spacieux qui regardait la ville de ses fenêtres monotones : c'est là que les papes ont vécu jusqu'à Pie X.

Un autre palais pontifical avait été bâti, aussitôt après l'avènement de Sixte V, sur les ruines du palais du Latran, abandonné depuis l'exil d'Avignon. En 1586, le vieux Latran était un chaos de bâtiments pleins de chapelles et d'oratoires, couvert de peintures et de mosaïques vénérables. Fontana n'eut aucune pitié pour ces reliques du moyen âge, qu'il eût pu conserver en partie dans l'enceinte des bâtiments neufs. Les murs, avec leurs décorations ternies, furent abattus et rasés. C'est à peine si une mosaïque échappa à la destruction : celle qui représentait Charlemagne protecteur de la Papauté et de Rome[1]. Le nouveau Latran fut, comme le nouveau Vatican, un bâtiment démesuré, dont la masse rappelait encore le palais Farnèse (fig. 76). Ce second palais ne devait point attircr les papes, accoutumés au séjour du Vatican ; à la fin du XVIIe siècle il était désert.

Cependant deux palais ne suffisaient point à Sixte V : il fit presser les travaux du palais du Quirinal, commencé par son prédécesseur. Il voulut laisser son nom à une seconde Chapelle Sixtine, que Fontana construisit en hâte au flanc de la basilique de Sainte-Marie-Majeure, sans hésiter à jeter bas plusieurs colonnes et un pan de mur avec ses mosaïques. Dans cette chapelle, Sixte V fit élever le tombeau de Pie V et préparer le sien. Pendant les derniers travaux de la nef de Saint-Pierre, elle devint la sépulture des papes : Clément VIII et Paul V y reposent.

Le grand bâtisseur, non content d'élever des bâtiments pompeux pour son habitation et sa sépulture, bâtit des quartiers neufs, percés d'avenues longues et droites. Le plus important couvrait les terrains vagues du Quirinal et du Viminal. Le pape donna à ce quartier le nom de *Borgo Felice* en mémoire du nom plébéien de Felice Perretti qu'il avait porté depuis le temps où il gardait les pourceaux jusqu'à son élection au trône pontifical. La rue qui conduisit de la Trinité des Monts à Sainte-Marie-Majeure fut la Via Felice : elle a pris dans la ville moderne le nom de Via Sistina, qui parle de Sixte V, comme la Vía Giulia de Jules II. Rome, de 1585 à 1590, agrandit d'un tiers. Dans ces cinq années, la ville s'embellit plus qu'elle n'avait fait depuis la ruine de l'Empire.

Sixte V reprit un des plus audacieux projets de Nicolas V : celui d'ériger devant Saint-Pierre l'obélisque du Cirque de Caligula et de Néron, qui gisait au flanc de l'église. L'heureuse exécution de cette entreprise d'ingénieur a plus fait pour populariser le nom de l'architecte Fontana

---

[1] Voir le volume précédent, p. 56. 57.

que la construction de plusieurs palais. Le 10 septembre 1586, Rome
entière était rassemblée dans le Borgo pour voir s'élever vers le ciel
l'énorme aiguille de granit. Un des tableaux que Sixte V a fait peindre
dans la grande salle de la Bibliothèque du Vatican, pour rappeler les
événements de son règne, représente la foule, la basilique avec sa vieille
façade et sa coupole encore inachevée, l'énorme équipage de poutres et
de cordes. En dressant sur la place, qui était comme le centre du

Fig. 76. — Palais du Latran. Œuvre de Domenico Fontana.

monde chrétien, l'obélisque au pied duquel avaient souffert les martyrs
de Néron, Sixte V voulait attester la victoire du Christ sur les dieux dont
la Renaissance avait adoré la beauté. Quand l'obélisque fut debout, sa
pointe apparut surmontée d'une croix brillante. Le pape s'empara de
même des deux colonnes encore debout de Trajan et de Marc-Aurèle,
pour les consacrer, avec leurs reliefs de batailles, à la gloire pacifique des
apôtres : sur l'une il fit placer la statue de saint Pierre, sur l'autre celle
de saint Paul. Mais, après l'obélisque de la place Saint-Pierre, d'autres
furent érigés, sans que le pape eût d'autre intention que de parer la ville
et de perpétuer sa propre gloire : l'un fut transporté à la Place du

Peuple, l'autre devant l'abside de Sainte-Marie-Majeure, en face du mausolée de Sixte V[1].

Ce qui manquait le plus à Rome, déjà entourée de villas et de jardins, pour devenir une ville saine et d'aspect joyeux, c'était l'eau. Le seul aqueduc qui fonctionnât encore était l'*Aqua Virgo*, dont les conduits souterrains avaient été réparés par Nicolas V. Sixte V reprit l'œuvre la plus audacieuse et la plus bienfaisante des Césars, en restaurant l'aqueduc de l'*Aqua Martia* et de l'*Aqua Claudia*, qu'il appela de son propre nom de baptême l'*Aqua Felice*. A l'entrée du Borgo Felice, l'eau claire et fraîche qui descendait des monts Albains fut reçue dans une fontaine monumentale bâtie par Fontana. Sixte V y fit placer un Moïse colossal de Prospero Brasciano, caricature du Moïse de Michel-Ange. Le prophète qui fait bondir l'eau du rocher entr'ouvert devait se montrer à la postérité comme l'image idéale du pape qui ouvrait dans le quartier neuf créé par lui et dans le reste de la ville vingt-sept fontaines jaillissantes. La plus gracieuse est celle des Tortues, voisine du Tibre. Taddeo Landini, qui a fondu les groupes de bronze, a donné aux beaux adolescents qui jouent sur le dos des animaux marins l'élégance classique de ce Jonas de Santa Maria del Popolo, dont le modèle est de Raphaël.

Une œuvre aussi délicate reste une exception au temps de Sixte V. Déjà la pureté et l'ingéniosité du détail sont sacrifiées à des effets de masse. Dans l'orgueil des vastes entreprises, la Renaissance de l'antiquité continue, en dépit de la Contre-Réforme. Mais l'art gréco-romain n'est point imité dans le même esprit qu'un demi-siècle auparavant. Les artistes ne recherchent plus guère, parmi les souvenirs de l'antiquité, la beauté, qui était grecque ; ils veulent la grandeur imposante et énorme, qui est romaine et impériale. L'influence de Michel-Ange et les entreprises de Sixte-Quint préparent la victoire d'un art qui sera plus romain que l'art de Raphaël, de même que l'art des Antonins, avec ses palais et ses thermes, avait été plus romain que l'art classique et attique du temps d'Auguste.

[1] Pour la date et l'histoire de ces obélisques, voir : *Rome, l'Antiquité*, p. 148-149.

CHAPITRE VII

LA ROME DU BERNIN

Le jubilé de l'année 1600 fut une date triomphante pour le catholicisme romain. Trois millions de pèlerins se pressèrent devant les tombeaux des Apôtres. Pour que rien ne manquât à la gloire de la Papauté, gardienne du dogme et de la discipline, un *autodafé* fut célébré sur le Campo dei Fiori, et Giordano Bruno, le dominicain philosophe, y fut brûlé solennellement. La place du bûcher est marquée aujourd'hui par une statue dont le regard semble menacer le palais de la Chancellerie et l'écusson de Jules II.

La puissance spirituelle qui recourait avec tant de rigueur au bras séculier travaillait plus activement que jamais à recueillir sa part des biens temporels. A défaut du pouvoir politique que la Papauté ne pouvait reconquérir, les papes voulurent assurer à eux et à leur famille de grandes propriétés et des richesses princières. Le « népotisme », dont Sixte IV avait donné l'exemple au XVe siècle, était devenu une tradition, contre laquelle un Jules II s'était élevé en vain. La politique de Paul III est résumée dans ce tableau du musée de Naples où Titien a peint le vieillard assis entre les deux jeunes gens pour lesquels il a compromis les plus grands intérêts de l'État pontifical. En 1625, un envoyé à la cour de Rome formulera ainsi la théorie fondamentale du gouvernement d'Urbain VIII : « Il savait que la possession seule de l'argent distingue de la foule et il jugeait qu'il n'était pas convenable que le parent d'un pape pût se trouver, à la mort de celui-ci, dans une position restreinte. »

A partir de Sixte V, il est d'usage que le pape régnant cherche dans sa famille deux hommes, dont l'un devient cardinal et prince de l'Église, l'autre prince romain. La dignité du cardinal s'éteint avec lui, après avoir brillé pendant le règne du pontife et au delà ; la dignité du prince est transmise à sa postérité. Aux titres s'ajoutent des donations en biens et en espèces. Le pape dispose pour les siens des revenus de l'Église et de l'État.

Clément VIII, le pape qui a ouvert le jubilé de 1600, avait donné l'année précédente à son neveu, Pietro Aldobrandini, 60 000 écus de bénéfices, qui s'accrurent ensuite immensément. Ces biens restent dans la famille. L'hérédité du pouvoir, que seul un Alexandre VI pouvait revendiquer pour son fils César, est remplacée par l'héritage. Ainsi se forme une nouvelle aristocratie romaine, qui est une aristocratie papale. Depuis le milieu du XVIᵉ siècle, presque chaque pontife laisse après lui une lignée de princes : après les Farnèse, ce sont les Aldobrandini, les Borghèse, les Ludovisi, les Barberini, les Pamfili, les Odescalchi, d'autres encore.

Chacun des palais dont ces familles se transmettent la propriété ou qu'elles se font bâtir à neuf retentit du bruit d'une vie plus somptueuse et plus brillante que n'avait été la vie de la cour pontificale au temps de Léon X. C'est le temps héroïque des fêtes et des spectacles, des bals, de la comédie-ballet, de l'opéra à machines ; ce sont les belles années du carnaval romain. Les nobles familles qui puisent dans les revenus de l'État pontifical et qui commanditent des entreprises financières prodiguent l'argent avec l'aisance du gentilhomme et du traitant. Cette société qui ne songe qu'à jouir cherche encore dans l'art des jouissances raffinées et dans le luxe des constructions la satisfaction d'un orgueil nobiliaire qui ne sait pas acheter l'immortalité par l'action. En bâtissant des palais et en commandant des tableaux et des statues, les princes romains continuent d'obéir en quelque manière à l'esprit de la Renaisssance et à l'exemple des Romains d'autrefois. Les papes, dont la vie est plus grave d'ordinaire que celle des familles papales, continuent Sixte V. Rome offre du travail à une armée d'artistes : comme au temps de Jules II, elle devient le rendez-vous des maîtres que l'admiration de l'Italie entière a consacrés.

La peinture avait montré à Rome, après la mort de Michel-Ange, une pauvreté lamentable dans les entreprises les plus ambitieuses. Dans les dernières années du XVIᵉ siècle, les artistes médiocres qui avaient couvert de leurs ouvrages de vastes appartements du Vatican sont relégués au second plan par l'arrivée de peintres d'un talent souverain, venus, non plus de Florence, comme les Vasari et les Zuccari, mais de l'Italie du Nord. Ces peintres déjà célèbres, comme l'étaient autrefois Michel-Ange et Raphaël, lorsqu'ils vinrent s'établir à Rome, sont les représentants de deux écoles qui renouvelaient l'art en remontant à deux sources bien différentes : l'observation de la vie et l'imitation de tous les maîtres qui avaient illustré, dans les générations précédentes, Rome et Florence, Parme et Venise. Les contemporains avaient déjà donné à ces deux écoles le nom qu'elles ont gardé : *naturalistes* et *éclectiques*.

Le chef des naturalistes était un Lombard, Michelangelo de Caravaggio. Son art violent et sombre réagit contre la fausse élégance et l'énergie factice des peintres qui se traînaient sur les traces de Jules Romain et de Michel-Ange. L'œuvre de Raphaël devait être un sanctuaire fermé pour lui, comme pour les réalistes du XIXᵉ siècle. A Rome, il ne semble pas avoir regardé les chefs-d'œuvre qui avaient donné aux plus hautes

Fig. 77. — Vénus et Anchise. Fresque d'Annibal Carrache, dans la grande galerie du Palais Farnèse.

pensées des formes choisies et épurées par le souvenir constant de la beauté antique.

Pour lui, la nature humaine n'est vraie que si elle est vulgaire ou populaire. Toute scène religieuse est encanaillée : les saints sont des paysans ou des chenapans, dans une lumière enfumée de cave ou de bouge. Une telle vision de l'histoire sacrée, transportée dans la peinture monumentale, paraîtra plus étrange à Rome que partout ailleurs. Mais les fresques peintes par le Caravage dans plusieurs églises de Rome, notamment les deux scènes de la vie du publicain saint Mathieu, à San Luigi de Francesi, sont mal éclairées et n'attirent point l'attention. C'est dans un grand tableau peint à Rome qu'il a donné toute sa mesure. La *Descente de Croix*, aujourd'hui conservée dans la Pinacothèque du Vatican, est une des œuvres maîtresses de la peinture moderne. Après les attitudes étudiées et les gestes emphatiques des acteurs boursouflés de Vasari, quelle santé nouvelle dans ces corps de gens du peuple, quelle sincérité dans la douleur de ces rudes visages et dans la face blême de la Madeleine, quelle force tragique dans le mouvement incorrect de ce groupe qui penche tout entier d'un côté, vers la fosse ouverte ; quelle peinture grasse et robuste !

Le Caravage ne voyait à Rome d'autres modèles que ceux que lui offraient la rue ou les cabarets ; les « éclectiques » venus en même temps que le puissant « naturaliste » étaient préparés par leur éducation à profiter des œuvres fameuses laissées par leurs devanciers dans les églises, les palais et les villas. Ces peintres s'étaient presque tous formés à Bologne, où l'académie des *Incaminati* ou des « progressistes » était devenue à la fois le centre d'un enseignement théorique et un atelier fécond en artistes savants.

Les maîtres de cet atelier étaient les trois Carrache. Le troisième d'entre eux, Annibale, le neveu de Lodovico et le frère d'Agostino, fut appelé à Rome dans les dernières années de sa glorieuse carrière. Il y décora toute la grande galerie du Palais Farnèse. Les architectures simulées et les faux reliefs des encadrements, figures colossales qui imitent la pierre et médaillons couleur de bronze, attestent l'impression que l'artiste, déjà initié à la plupart des chefs-d'œuvre de Rome par la gravure, a reçue en pénétrant sous la voûte de la Chapelle Sixtine. Les peintures disposées dans cet encadrement racontent les amours des dieux (fig. 77). Les souvenirs de la Farnésine sont manifestes : la mythologie héroïque de la Renaissance revit, après la Contre-Réforme, dans l'œuvre du Bolonais. L'humanité robuste et un peu épaisse dans laquelle s'incarnent dieux et déesses est plus molle, plus alanguie. Au souvenir de Raphaël, retrouvé à Rome, se mêle, comme un souffle tiédissant, le souvenir du Corrège, rapporté de Parme. Sans doute le Carrache n'a pu emprunter ni le charme voluptueux du Corrège, ni la majesté tranquille de Raphaël. Mais le coloris blond et le modelé caressant, la science du dessin et des raccourcis ont supprimé dans les effets les plus audacieux toute apparence d'effort et donné quelque vie aux couples immortels, quelque élan au cortège triomphal de Bacchus et d'Ariane (fig. 78). Cet art savant et aisé, qui fait penser aux poèmes amoureux du Tasse, était bien fait pour servir de décor à des fêtes galantes et à des intrigues princières. Toujours digne d'étude pour les artistes comme un témoignage de ce que peut, sans une originalité vigoureuse, la maîtrise accomplie du métier de peintre,

la galerie des Carrache reprend sa splendeur aux feux des lustres, lorsque
l'ambassadeur de France ouvre de nos jours cette salle sans pareille pour
y recevoir, dans les soirs de fêtes officielles, les souverains d'Italie.

Guido Reni, venu à Rome quelques années après Annibal Carrache[1],
y peignit une œuvre qui resta plus fameuse pendant deux siècles que la
galerie du palais Farnèse : le plafond de l'élégant « Casino » dépendant du
palais bâti par le cardinal Scipion Borghèse, et qui a passé ensuite aux
Rospigliosi et aux Pallavicini.

Fig. 78. — Triomphe de Bacchus et d'Ariane. Fresque d'Annibal Carrache,
dans la grande galerie du Palais Farnèse.

C'est encore une mythologie qui fait penser à la Farnésine. Le char
d'Apollon-Soleil, le dieu jeune et beau, s'avance sur les nuées diaprées,
escorté par le chœur multicolore des Heures et précédé par une figure
volante, les bras arrondis pour semer des roses : c'est l'*Aurore*, qui a
donné son nom à la salle (fig. 79). Certes tout est froid dans cette œuvre
savante, le dessin et la couleur. Cependant l'*Aurore* du Guide étonnera

---

[1] Une figure de jeune fille au turban, attribuée à Guido Reni, est devenue l'œuvre
la plus populaire de la galerie Barberini, parce qu'elle passe pour représenter l'héroïne
d'une cause célèbre, Béatrice Cenci. Le Guide, qui ne vint s'établir à Rome qu'en 1608,
n'a pu peindre le portrait de la belle parricide, décapitée en 1599. Le tableau Barberini
est une étude de fantaisie, qu'il est difficile d'attribuer à un maître.

ceux qui ne connaissent du peintre bolonais que ses Madones au cou
penché et au regard extatique.

Ici, comme au Palais Farnèse, un écho de la Renaissance passe à travers les modulations des gestes et les harmonies des groupes. Les bleus
acides et les jaunes citron, dont la dissonance agace le regard dans les
tableaux de sainteté, composent ici, avec les couleurs du prisme, un concert de tons, auquel il ne manque, pour atteindre aux effets obtenus par

Fig. 79. — L'Aurore précédant le Char du Soleil. Fresque de Guido Reni,
dans le Casino du Palais Rospigliosi-Pallavicini.

quelques décorateurs de nos jours, qu'une dégradation moins régulière
et des taches lumineuses moins strictement limitées par les contours précis
du dessin.

Le troisième des maîtres qui dominaient et dirigeaient l'école de
Bologne, Domenico Zampieri, dit le Dominiquin[1], travailla à Rome
en même temps que Guido Reni. Son œuvre capitale de peintre à fresque
est la décoration de Sant'Andrea del Valle, non loin du palais Farnèse.
Le peintre a pris conseil, comme Annibal Carrache, des fresques contemporaines de Jules II et de Léon X. Dans l'abside de Sant'Andrea, le

---

[1] Plus exactement le petit Dominique, *Domenichino*.

groupe des femmes et des enfants qui entourent la croix où est attaché le
vieillard est un centon de Raphaël qui met à contribution la Chambre
d'Héliodore et les tapisseries des Actes des Apôtres. Les Évangélistes

Fig. 80. — Saint Jean l'évangéliste. Fresque du Dominiquin,
dans l'église Sant'Andrea del Valle.

assis dans les pendentifs de la coupole ont emprunté leur cortège de
génies aux Prophètes de la Chapelle Sixtine (fig. 80).

Cependant l'arrangement est facile et élégant. D'autres fresques du
Dominiquin, dans une chapelle de San Luigi dei Francesi, représentent
l'histoire de sainte Cécile : elles sont intéressantes à étudier, à côté des
fresques peintes dans une chapelle voisine par le Caravage, ne fût-ce que
comme un témoignage des rivalités qui mirent aux prises dans Rome

naturalistes et éclectiques. Mais c'est au Vatican, dans la Pinacothèque, qu'il faut chercher le chef-d'œuvre du Dominiquin. La *Communion de saint Jérôme*, peinte pour une petite église de Rome, a été jugée digne d'être exposée à côté de la *Transfiguration* de Raphaël : déjà au XVII° siècle Poussin avait rapproché ces deux tableaux dans son admiration, comme deux merveilles de l'art. Le tableau du Dominiquin, peint en 1614, reproduit dans ses grandes lignes un tableau peint à Bologne par l'un des Carrache, Agostino. C'est une œuvre plus émouvante que toutes les déclamations des grands sermonnaires de la peinture, parce qu'elle est simple et sobre. Le corps puissant et raviné du vieillard est une académie détaillée avec une science consommée ; la tête, copiée de quelque modèle vivant, est transfigurée par l'ardeur de la foi et l'approche de la mort.

Chacun des trois peintres qui étaient à Bologne les maîtres de chœur a laissé à Rome l'œuvre qui suffirait à sa gloire. D'autres Bolonais les suivirent : Sassoferrato a peint des Vierges pour les églises de Rome, l'Albane des amours et des nymphes pour les palais : peintures d'ordre secondaire, qui n'apprendront rien de nouveau à ceux qui connaissent par quelque musée d'Europe ces talents faciles et mous. Au milieu du XVII° siècle, un élève de l'Albane, Andrea Sacchi, alla fonder à Rome un atelier d'où sortit le peintre maniéré entre tous, Carlo Maratta. Un improvisateur audacieux, Pietro de Cortona, qui profita de l'habileté acquise par les Bolonais et par les Florentins, dépensa largement à Rome sa verve claire et fade. Les trois cents églises de la ville papale sont remplies de tableaux du XVII° et du XVIII° siècle, où le brio du dessin et de la touche ne peut faire oublier l'abus de tous les procédés, l'emphase des gestes, la préciosité des mines et l'aigreur du coloris. Si l'on met à part quelques peintures viriles, comme celle d'un Dominiquin, les immenses fresques qui couvrent les plafonds et les coupoles de beaucoup d'églises ne sont que des décorations brillantes, inséparables de l'architecture dont elles continuent les fantaisies.

La reconstruction de Rome, dont Nicolas V avait conçu le projet, que Sixte IV et Jules II avaient commencée, que Sixte V avait poussée avec une vigueur superbe, s'accomplit pendant le XVII° et le XVIII° siècle ; elle entraîna une vaste destruction. L'ardeur des grandes entreprises, qui agite les papes et les princes romains, ne respecte rien du passé. Bramante et Fontana, faisant brèche comme à plaisir dans la Rome du moyen âge et même dans les monuments de l'antiquité, avaient donné un exemple qui fut suivi par leurs successeurs. Rares sont les églises, vieilles d'un siècle

ou de dix, qui échappent aux démolisseurs ou aux stuqueurs chargés de les
habiller de marbre à la mode du temps. L'une des premières qui furent
transformées en pompeuses salles de fêtes était la plus vénérable : la basilique de Latran (fig. 81). La Rome de Constantin, de Grégoire VII, de
Jules II cède le terrain à une Rome « baroque ». Encore aujourd'hui
il est peu d'édifices et de places où le voyageur ne rencontre les énormes
écussons apposés sur un monument de Paul V, d'Urbain VIII, d'Inno-

Fig. 81. — Intérieur de la basilique de Saint-Jean de Latran.

cent X, d'Alexandre VII : la guivre et l'aigle des Borghèse, les abeilles
des Barberini, la colombe des Pamfili, les montagnes et le chêne des
Chigi.

Les embellissements de toute nature donnent à la ville, pendant le
XVIIe et XVIIIe siècles, une splendeur unique entre les villes modernes
d'Italie et d'Europe. Sixte V avait érigé trois obélisques : Innocent X,
Alexandre VII, Clément XI en érigent d'autres ; Pie VI fait placer
en 1787, devant le palais pontifical du Quirinal, un obélisque qui provient
du mausolée d'Auguste ; il en érige encore deux devant les palais de
Montecitorio et devant l'église de la Trinité-des-Monts. Paul V élève

devant la façade de Sainte-Marie-Majeure une énorme colonne de granit, provenant de la basilique de Constantin ; une statue de la Vierge la surmonte, à l'imitation des statues d'Apôtres qui ont pris la place des statues de Trajan et de Marc-Aurèle sur les deux colonnes triomphales. Après l'*Aqua Claudia*, d'autres aqueducs romains sont réparés : l'*Aqua Trajana*, que Paul V remet en usage, est amenée au sommet du Janicule jusqu'à la fontaine de l'Aqua Paola, imitée par Fontana lui-même du monument de l'*Aqua Felice*. Quantité de fontaines aux formes imprévues s'élèvent sur les grandes places. Le quartier du Corso, qui devient le centre de la vie mondaine, se couvre d'habitations luxueuses, qui voisinent avec le Collège des Jésuites et les deux églises de l'Ordre, Sant'Ignazio et le Gesù. Les palais se multiplient en même temps que les familles que chaque pontificat élève à la noblesse et à l'opulence. Les villas, déjà nombreuses à la fin du xvi⁰ siècle, font à la ville une ceinture d'arbres verts, de parterres fleuris, d'eaux jaillissantes. Le voyageur lyonnais Spon, qui visita Rome en 1675, parle de ces séjours délicieux, qui portaient les noms des familles papales, avec autant d'admiration que Montaigne, un siècle plus tôt : « Les beaux jardins et les maisons de plaisance de Rome, écrit-il, attirent tout ce qu'il y a de curieux, et ce sont de vrais paradis terrestres et comme des lieux enchantés que les vignes Borghèse, Pamfile, Montalto, Ludovisio, aussi bien que les jardins du Vatican, de Monte Cavallo (le Quirinal) et de Médicis. »

Les palais romains du xvii⁰ siècle ne diffèrent que par le détail des grands palais du xvi⁰. Ce sont des édifices énormes et robustes. Il fallait de vastes salles pour recevoir les invités des fêtes princières, des chambres en quantité pour loger les familiers et les parasites, les laquais et les spadassins, que le maître du logis entretenait et qu'il lâchait dans les rues à l'occasion d'un conclave ou d'une querelle de préséance. Les murailles étaient capables de soutenir un siège. Le rez-de-chaussée forme souvent un soubassement d'ordre rustique, dont les blocs semblent faits pour porter une citadelle. Mais les ouvertures sont larges et les portails, encore étroits au xvi⁰ siècle, alors que la noblesse et même le clergé sortaient à cheval ou à mule, ont pris assez d'ampleur pour laisser passage aux carrosses de gala. Les corniches sont des imitations plus ou moins fantaisistes de la corniche du Palais Farnèse, dessinée par Michel-Ange. Les façades sont nues le plus souvent, sans décoration de pilastres. La plus sévère et la plus majestueuse est sans doute celle du palais Sciarra, au Corso, qui est l'œuvre de Flaminio Ponzio. Les villas et les casinos imitent les plans variés que les architectes du xvi⁰ siècle avaient trouvés pour

les maisons de plaisance : mais ni la Villa Borghèse, ni le Casino Rospigliosi ne peuvent rivaliser de grâce et de richesse avec la villa du pape
Jules III. Palais et villas ne cherchent point d'ailleurs à se parer de
fantaisies bizarres : ils restent à Rome, dans les siècles du baroque, les
monuments les plus corrects, les plus graves, les moins profanes.

En revanche, l'architecture religieuse s'est corrompue, en un demi-
siècle, de telle manière qu'il devient impossible parfois de reconnaître
dans ses formes décomposées l'héritage de l'antiquité et de la Renaissance.

Les travaux de Saint-Pierre avaient été négligés après que Sixte-
Quint eût assisté à l'achèvement de la coupole. La nef de l'ancienne
basilique, que les pèlerins du jubilé de 1600 avaient encore trouvée
debout, derrière l'atrium primitif, fut enfin démolie, par ordre de Paul V.
Le plan en croix grecque, que Michel-Ange avait adopté après Bramante,
sembla peu orthodoxe : le catholicisme, qui avait pris pour code les décisions du Concile de Trente, ne pouvait accepter pour l'église qui était
le centre de son empire un autre plan que la croix latine des basiliques,
à laquelle était revenu déjà l'architecte du Gesù. Carlo Maderna, à qui
échut en 1605 le périlleux honneur d'achever l'église de Bramante,
allongea la nef de trois travées : bien qu'il eût soin d'élargir cette nef,
il troubla toute l'harmonie intérieure de l'édifice, dont l'autel n'occupa
plus le centre et se trouva perdu dans un vaisseau démesuré. A l'extérieur,
une façade, dont l'ordre colossal et l'attique chargé de statues sont
empruntés encore aux dessins de Michel-Ange, s'éleva en avant de la nef,
et si loin de la place prévue par le vieux maître, que, pour les fidèles qui
approchent de l'entrée, elle masque de sa muraille la radieuse coupole.

Le nom de Paul V est inscrit sur cette façade en lettres énormes ; la
basilique fut consacrée par Urbain VIII en 1626. L'église enfin achevée
ne ressemble aucunement à la Babel fantastique et classique de Bramante : c'est la coupole de Michel-Ange et la nef de Maderna qui vont se
partager, avec le Gesù de Vignola, le rôle de modèle officiel pour la plupart des édifices religieux de Rome et de l'univers catholique.

Dans les églises du XVIIe et du XVIIIe siècle, tout l'effet est réservé
à la nef, haute et large, aux dépens des bas côtés réduits en chapelles
étroites, comme au Gesù, ou étriqués, comme à Saint-Pierre. Ces grandes
salles, avec leurs piliers massifs, leurs pilastres gigantesques, leurs
arcades triomphales, gardent encore la majesté que les édifices de Maderna
et de Vignola devaient aux souvenirs de Michel-Ange.

C'est sur les façades que s'exerce, avec une liberté sans frein, l'imagina-

tion d'architectes aventureux, qui se jouent des règles et des principes.
Les plus modérés, Algardi à Sant'Ignazio, Rinaldi à Sant'Andrea del
Valle, se bornent à accumuler les colonnes sur les pilastres, de manière
à opposer fortement des saillies lumineuses et des enfoncements teintés
d'ombres : l'architecture se colore et s'anime. D'autres veulent contraindre
la pierre des édifices à exprimer non seulement la vie dans le repos, mais
le mouvement. Le plus violent de ces novateurs est Francesco Borromini. Il ne se contente plus d'exagérer le relief et de multiplier les ressauts : il donne aux murailles des façades les courbes réservées jusqu'alors
aux absides; il les gonfle ou les enfonce à son caprice; il brise et tord les
lignes horizontales elles-mêmes et imprime aux frontons et aux pinacles
des soubresauts épileptiques.

En bâtissant sur la place Navone l'église de Sant'Agnese, il a repris,
par une sorte de gageure impudente, le dessin de Bramante pour Saint-
Pierre, et l'a traduit d'abondance dans son dialecte corrompu. La façade
est devenue un hémicycle et les tours d'angles, élevées sur un plan ellip-
tique, ont reçu pour coiffure des clochetons chinois (fig. 82). Non loin de
là, le campanile de la Sapienza est couronné d'une pyramide de spirales
si étrangement hérissée qu'on serait tenté d'y voir un souvenir des monuments hindous connus par quelque missionnaire. C'est hors de la ville,
dans une église de trappistes, San Carlo delle Quattro Fontane, élevée
au lieu présumé du supplice de saint Paul, que la fantaisie de Borromini
a atteint son paroxysme : ces édifices d'où la ligne droite a disparu, où
les courbes se ploient et se déploient sans repos, semblent conçus dans
le délire de la fièvre.

Une telle architecture était trop mouvante et trop pittoresque pour ne
pas appeler le concours du relief et de la couleur. Sur les tours de Sant'-
Agnese de la place Navone, des anges qui semblent sortir de la paroi
gonflée soutiennent au-dessus des arcades les écussons d'Innocent X, aux
armes des Pamfili. La polychromie n'a place que dans l'intérieur des
églises : elle y prend une splendeur qui convenait à un culte pompeux
et à une religion aristocratique. Richesse est puissance : les papes
l'avaient compris lorsqu'ils assuraient une fortune à leur famille. Le palais
du Tout-Puissant doit dépasser en richesse matérielle et monnayable les
demeures les plus opulentes. Une telle conception était, dans un siècle de
raffinement, un retour aux idées byzantines, à la magnificence orientale
des premières basiliques. Les jésuites, avec leurs souvenirs de la richesse
massive qu'étalaient les églises d'Espagne, contribuèrent à répandre à
Rome le goût des églises parées comme des châsses ou des madones mira-

culeuses. Rien n'égale, dans la ville des papes, l'éclat métallique de cet autel du Gesù où brille, au-dessus des étagères couvertes de flambeaux et de vases, une statue de saint Ignace en argent.

Murs, arcades, pilastres se couvrent de marbres sciés par plaques,

Fig. 82. — Église de Sant'Agnese, sur la place Navone, et fontaine du Bernin.

dont les veines symétriquement opposées forment un ramage de tons rutilants et luisants. Souvent le marbre découpé dessine une marqueterie, bouquet ou écusson. Quand le marbre fait défaut, le stuc en imite les jeux. Parfois des figures de ronde bosse en marbre ou en stuc sont logées au-dessus des arcades, dépassant la paroi de la jambe, du bras ou de l'aile ; elles veulent avoir l'air de créatures vivantes et l'œil s'inquiète de les voir suspendues si haut, dans des poses d'acrobates.

Le plafond est livré aux peintres, comme la coupole. Il ne forme souvent qu'une immense gloire, dont la pompe lumineuse couronne les pompes des marbres et des dorures. La vision céleste n'apparaît pas d'ordinaire comme une tenture exposée horizontalement, à la manière de l'*Aurore* du Guide ou de l'*Olympe* de la Farnésine. Les points de vue ne sont pas même pris à la naissance de la voûte, comme à la Chapelle Sixtine [1]. Le Paradis peuplé d'anges apparaît comme si la voûte de l'église et la voûte céleste s'ouvraient pour le fidèle qui s'est agenouillé sur le pavement. Tous les élus et Dieu même se montrent en raccourci, à l'imitation des peintures fameuses du Corrège, tant étudiées par les Bolonais. Les attitudes deviennent étranges, les corps perdent la forme humaine : en levant les yeux vers les voûtes des églises romaines du XVII siècle, on est tenté de répéter le mot irrévérencieux de ce critique du XVI siècle qui comparait les coupoles de Parme, avec l'enchevêtrement des jambes et des bras sur les nuées, à un « plat de grenouilles ». Mais l'illusion cherchée est le plus souvent produite avec une science étonnante de la perspective et des effets lumineux combinés avec l'éclairage du vaisseau. Pour accentuer le relief des groupes qui sont le moins éloignés du spectateur, certains décorateurs ont l'audace de découper une figure peinte et de la suspendre dans le vide, appliquée sur une feuille de tôle. Le grand virtuose de ces machineries est le jésuite Pozzo, qui a peint, à la fin du XVII siècle, le plafond de Sant'Ignazio. L'architecture du temple se continue comme à travers la voûte en portiques aériens, au-dessus desquels saint Ignace et le Christ triomphent dans l'empyrée (fig. 83). Si prestigieux est l'artifice du décorateur qu'il faut un effort pour distinguer la limite où l'architecture et la sculpture cèdent la place à la peinture. L'Eglise s'est approprié les fantasmagories qui contribuaient alors en Italie à la fortune de l'opéra.

Chaque palais romain du XVII siècle contenait une galerie de peinture où les Bolonais occupaient les places d'honneur. Chaque autel, dans les chapelles des églises, reçoit un grand tableau de sainteté. Pour les cours, les entrées, les salles des palais, pour les avenues et les quinconces des villas, les sculpteurs fournissent en abondance des statues et des groupes de beau marbre de Carrare, qui représentent pour la plupart des figures mythologiques. Ils ont à satisfaire aux commandes des églises, dont les niches se peuplent de statues, dont le chœur et les chapelles s'encombrent d'autels énormes et de tombeaux fastueux. Sur les places publiques, les

---

[1] Voir plus haut, p. 23.

fontaines monumentales deviennent des groupes de géants. Jamais, depuis
la fin de l'Empire, la sculpture n'avait eu à Rome une activité comparable à celle qui se déploya depuis le début du XVIIᵉ siècle jusqu'à la
Révolution française.

Fig. 83. — Apothéose de saint Ignace de Loyola. Fresque du Père Pozzo,
sur le plafond de l'église de Sant'Ignazio.

Un sculpteur, qui a mérité d'être appelé de son vivant le Michel-Ange
du XVIIᵉ siècle, domine et commande ce mouvement artistique : c'est
Gian Lorenzo Bernini. Il pourrait représenter à lui seul, tant son œuvre
est abondante et diverse, tout l'art « baroque » de l'Italie. Le Bernin est
né à Naples, d'un Florentin peintre et sculpteur ; mais, seul de tous les

maîtres illustres qui ont laissé leurs chefs-d'œuvre dans la ville des papes, il a reçu toute son éducation artistique à Rome, où il arriva en 1605, à l'âge de sept ans. Le père de Bernin se fit à Rome une place honorable et devint président de l'Académie de Saint-Luc ; l'enfant montra dans le maniement du ciseau une précocité merveilleuse et une facilité sans égale. A quinze ans il reçut du cardinal Scipion Borghèse, qui venait de faire peindre la voûte de son Casino[1] par le Guide, la commande de quatre marbres : les sujets étaient laissés à la fantaisie du jeune artiste. Le Bernin choisit Enée et Anchise, David lançant la fronde, l'enlèvement de Proserpine par Pluton, Apollon et Daphné. Les quatre groupes font encore partie des collections de la Villa Borghèse. Celui d'Apollon et Daphné mêle aux souvenirs de la beauté grecque un charme étrange et captivant. Le dieu est l'Apollon du Belvédère, dont les formes ont été épaissies par l'étude du modèle vivant. La nymphe évoque le souvenir d'un antique semblable à cette Daphné archaïsante, femme gainée dans des branches de laurier, qui a appartenu aux Borghèse et qui se trouve aujourd'hui à Copenhague. Mais l'artiste a traduit la métamorphose avec une rigueur presque choquante : des mains de la fugitive atteinte par le dieu jaillit un buisson ; les doigts de ses pieds se continuent en racines qui s'enfoncent dans la terre ; l'écorce monte sur les jambes longues et fines et leur fait une dure draperie. Le jeune corps qui ploie, la tête qui s'abandonne sous le poids des longs cheveux ondés ne sont point altérés. La bouche ouverte pour un cri et tout à coup muette, les grands yeux sans regard, — la vierge saisie du sommeil des plantes semble flotter entre deux mondes, comme une grande fleur svelte et blanche (fig. 84). Quarante ans plus tard, le Bernin revenait avec une admiration sincère devant cette œuvre de sa dix-huitième année, dont il ne devait plus retrouver la grâce et la poésie.

L'artiste qui donnait de telles promesses avant l'âge d'homme vécut quatre-vingt-deux ans. Il ne quitta Rome que pour un voyage de six mois en France, où il était appelé par Louis XIV. Urbain VIII lui avait donné une autorité aussi étendue que celle que Raphaël avait possédée sous Léon X, et Michel-Ange sous Paul III. Innocent X lui retira sa faveur et la transporta à Borromini ; mais le Bernin sut rentrer en grâce. Depuis le règne d'Alexandre VII jusqu'à celui d'Innocent XI, il est l'égal des cardinaux et des princes romains. Il se montre à la postérité, comme à ses contemporains, avec l'allure d'un Velasquez, la croix de chevalier de

---

[1] Plus tard Casino Rospigliosi.

l'ordre du Christ, insigne de son titre de *cavaliere*, brodée sur le manteau.

Le Bernin fut l'artiste universel. Il peignit deux cents tableaux, illustra les sermons du jésuite Oliva, jeta sur le papier d'innombrables caricatures. Factotum de toutes les fêtes, il donna des modèles d'estrades, de catafalques, de chars et de machines pour les cavalcades et les retraites aux flambeaux, des motifs d'illuminations et de feux d'artifice. Chaque année il se divertissait, entre dix travaux de toute nature, à composer une « revue » d'actualité qui était représentée dans un palais : il peignait les décors, réglait les changements à vue, les effets d'eau et jouait lui-même un rôle en parfait bouffon. Ces fantaisies éphémères ont laissé peu de traces : du peintre il reste une toile, grande esquisse large et molle, dans l'atelier des mosaïques, au Vatican ; du caricaturiste le Cabinet des Estampes de la Galleria nazionale, au Palais Corsini, conserve quelques pages curieuses. L'œuvre du sculpteur et de l'architecte, improvisée avec autant de verve que les farces de carnaval, est immense et imposante.

Fig. 84. — Apollon et Daphné.
Groupe du Bernin, Casino de la Villa Borghèse.

Le Bernin a donné à la sculpture les caractères que les peintres de son temps développaient dans leurs tableaux : venu à Rome encore enfant, après le Caravage et avant le Guide, il fut à la fois un « naturaliste » et un

« maniériste ». La beauté féminine qu'il a conçue est personnifiée dans un marbre qui, après avoir été légué par l'artiste lui-même à sa descendance comme un bien inaliénable, est venu échouer à l'entrée d'un établissement de bains du Corso. C'est une Vérité destinée à former un groupe avec le Temps. Le marbre a pris, sous la caresse de l'outil, une mollesse de chair grasse ; les ondulations du corps font naître des plis et des fossettes. Mais la longueur des proportions contredit l'épaisseur des formes ; les bras s'arrondissent en gestes coquets ; les doigts fuselés font des grâces ; le visage rond esquisse un sourire mignard. Ce mélange de réalisme et d'afféterie n'est nulle part plus sensible que dans certaines statues de saintes. Dans l'église de San Francesco a Ripa, au *Trastevere*, la bienheureuse Albertine est représentée mourante sur son lit, dans sa robe de clarisse. Le matelas est sculpté en trompe-l'œil, mais le voile s'agite follement, comme si une tempête avait pénétré dans la chambre mortuaire, tandis que le visage s'épanouit pour un dernier sourire. En un tel sujet, le manque de sérieux et de sincérité est un acte de profanation.

Un seul artiste de ce temps a su donner l'image émouvante et chaste d'une morte endormie dans le Seigneur : c'est Stefano Maderna, le frère de l'architecte de Saint-Pierre, qui a sculpté pour l'église de Santa Cecilia au Trastevere, voisine de San Francesco a Ripa, sainte Cécile étendue sur le marbre, son tendre cou fendu par le glaive, son visage caché contre terre (fig. 85). Mais cette pose de martyre n'est pas une trouvaille d'artiste. En 1599, le cercueil où le pape Pascal III avait déposé au IXe siècle le corps de la sainte, tel qu'il l'avait trouvé dans le cimetière de Calixte, fut rouvert. Sous le voile de pourpre que le pape Pascal avait étendu sur elle, Cécile apparut couchée, le corps presque intact et encore souple, comme celui de la jeune païenne momifiée dans les parfums qui avait été exhumée d'un tombeau de la Via Appia, sous le règne d'Innocent VIII[1]. La Renaissance et la Contre-Réforme avaient assisté à Rome à un même miracle de résurrection. Paul V perpétua le souvenir du second en commandant à Maderna la statue de la sainte : c'est d'après nature que fut modelé ce portrait d'une jeune patricienne martyrisée sous les Antonins.

Le Bernin n'était point fait pour exprimer la simplicité d'une mort de religieuse. Il faut à son génie ardent la passion des amours divines, l'extase qui s'achève en évanouissement. La *Sainte Thérèse* de l'église Santa Maria della Vittoria est peut-être le chef-d'œuvre du Bernin ; lui-même la

---

[1] Voir le volume précédent, p. 166.

considérait comme « la moins mauvaise chose qu'il eût faite ». Elle est à
coup sûr la création la plus audacieuse du catholicisme à qui les jésuites
avaient infusé la sensualité espagnole (fig. 86). La sainte se pâme, étendue
sur des nuées molles qui se fondent dans la paroi ; sous la draperie tour-
mentée, qui a les frissons de la soie, et non le feutrage lourd de la bure,
la main et le pied nu trahissent l'abandon de tout l'être. Pendant que les
rayons de la gloire céleste, — des rayons de bronze doré, — pleuvent

Fig. 85. — Sainte Cécile, statue de Stefano Maderna (Église de Sainte-Cécile
au *Trastevere*).

sur le nuage, un ange au minois effronté soulève d'une main audacieuse
le scapulaire de la carmélite et darde vers son cœur la flèche d'un Amour,
en regardant avec un sourire profane ce visage de malade, ces yeux cer-
nés, cette bouche haletante et douloureuse, cette douce langueur, dont
parle le propre fils du Bernin, dans un madrigal inspiré par la *Sainte Thérèse* : « *un si dolce languire… »*

Les œuvres de sculpture les plus monumentales auxquelles reste attaché le nom du Bernin sont inséparables de son œuvre d'architecte.
L'infatigable artiste a donné des dessins pour quelques palais qui ne
comportaient pas de décor sculpté. Après Maderna et Borromini, il a
collaboré au palais Barberini et a élevé sous Urbain VIII la façade,

avec ses trois étages de *loggie* solennelles. Au Quirinal il a bâti la *loggia*
pour la bénédiction. En 1650, Innocent X, qui voulait élever à sa famille
un palais rival du palais Barberini, commanda au Bernin le palais de
Montecitorio qui, inachevé à la mort du pape, ne fut continué que sous
Innocent XII et devint le palais de justice de Rome, la *Curia Innocen-
tiana*. Ces édifices, avec leurs bossages énormes, gardent la simplicité
robuste des palais romains. Mais les constructions religieuses du Bernin,
 ans atteindre aux folies de Borromini, s'élèvent, par l'ampleur des formes
et la richesse du décor, polychromie ou sculpture, au-dessus de tous les
monuments de la Rome « baroque ». Elles masquent des monuments
fameux du XIVᵉ et du XVᵉ siècle.

En 1629, le Bernin, jeune encore, fut préposé aux travaux de Saint-
Pierre, dont le gros œuvre était achevé. Pendant plus de cinquante ans,
son activité et celle de son atelier s'exerça aux abords et dans l'intérieur
de la basilique. Aujourd'hui les pèlerins qui traversent la place de
Saint-Pierre et visitent l'église pontificale jusqu'au fond de l'abside
rencontrent à chaque pas l'œuvre du Bernin.

Au temps d'Alexandre VII, l'artiste à qui revenaient de droit les
grandes entreprises fut chargé de régulariser le parvis de Saint-Pierre,
encore encombré d'habitations qui gênaient la vue de la basilique de
Michel-Ange et de la façade de Maderna. Il rasa, avec les maisons, un
palais bâti par Raphaël et, sur le terrain dégagé, il éleva une double
colonnade (fig. 100). Le plan circulaire, conforme aux habitudes d'une école
d'architecture qui dédaignait la simplicité des lignes droites, se trouva
logiquement approprié à un portique qui devait former à la fois l'encadrement majestueux de la place et l'atrium de la basilique. Le plus
sévère des ordres connus au XVIIᵉ siècle, le toscan, fut adopté pour la
solennité d'un ensemble qui devait compter deux cent quatre-vingt-six
colonnes et quatre-vingt-huit grands pilastres. La fantaisie ne reprend
ses droits que dans les quatre-vingt-seize statues gigantesques qui
s'agitent au-dessus de l'attique. Ces statues sont l'œuvre des élèves du
Bernin. Ceux-ci ont sculpté encore les colosses qui couronnent la façade
de la basilique et l'énorme bas-relief de la vocation de Pierre, placé sous
le vestibule, au-dessus de l'entrée.

L'immense nef, que Maderna avait laissée nue et grave, a reçu du
Bernin sa parure de couleurs voyantes et de relief accusé —, revêtement
de marbres pourpres et jaunes égayés de marqueteries, bénitiers entourés
d'une nichée d'amours joufflus, saints gigantesques qui débordent des
niches, anges énormes qui s'avancent dans des poses périlleuses au-dessus

des arcades. Tout cet effort travaille à se détruire. Les ornements grandis
à une échelle surhumaine diminuent l'immensité du monument.

L'erreur du Bernin est plus frappante encore dans les proportions du
baldaquin de bronze qu'Urbain VIII avait commandé au sculpteur dès

Fig. 86. — Sainte Thérèse, par le Bernin (Église de Santa Maria della Vittoria).

1624, et qui fut achevé neuf ans plus tard. L'énorme dais, haut de
28 mètres, fait disparaître l'autel. Le détail est d'une fantaisie téméraire.
Le Bernin, heureux d'échapper une fois de plus à la ligne droite, a pris
pour modèles des colonnes qui devaient soutenir le baldaquin, les colonnes
torses données par Constantin à l'ancienne basilique, et dont l'une était
vénérée comme un reste du Temple de Jérusalem. Lambrequins et pen-
deloques se contournent comme si un grand vent, passant sous les

voûtes, agitait le bronze découpé. Des anges font de l'équilibre aux angles de l'énorme machine, qui s'achève par un couronnement de pièce montée. Le tout pèse 185.000 livres de métal et a coûté 200.000 écus, plus de deux millions de notre monnaie.

Quatre *loggie* qui regardaient l'autel furent creusées par le Bernin dans l'épaisseur des piliers de Bramante, que Michel-Ange avait renforcés pour porter la coupole. Elles étaient destinées à l'exposition des reliques insignes, que les pénitenciers montrent encore à la foule du haut des balcons, pendant la semaine sainte.

L'entreprise était imprudente ; les ennemis du Bernin prétendirent que les trous énormes faits dans les piliers avaient provoqué la fissure qui s'ouvrit en 1636 dans l'énorme calotte. Une pluie de pasquinades et de libelles s'abattit sur le Bernin, qui riposta à coups de chansons et de comédies.

Quatre statues colossales, dont chacune rappelait l'une des reliques conservées dans les *loggie*, furent placées dans les niches ménagées au bas des piliers. Le Bernin n'a sculpté de sa main que le centurion saint Longin, brandissant la Lance du Calvaire avec un geste de ténor. Les autres statues représentent sainte Hélène portant la vraie Croix, Véronique tenant le voile où s'est imprimée la Face du Christ, saint André, dont le crâne avait été donné à la basilique au temps de Pie II. Ce sont des œuvres d'atelier, plus emphatiques et plus tourmentées que les statues du maître. Le Bernin lui-même se moqua de la Véronique de Moschi, robuste virago, qui, dans le tumulte de ses draperies gonflées, semblait vouloir lancer le voile sacré à la mer. « Par où vient le vent qui emporte ce voile ? » demanda-t-il à son disciple. Et Moschi de répartir : « Par la crevasse que vous avez faite dans la coupole. »

La décoration de la coupole elle-même fut entreprise, sous la direction du Bernin, par le cavalier d'Arpino, un improvisateur aussi téméraire que Pietro de Cortona. Cependant les effets de figures planantes et les lumières d'apothéose ne sont employés que pour l'apparition de Dieu le Père : le Créateur bénissant se montre au fond de la lanterne, par le trou ménagé dans la coupole, et qui semble ouvert sur les nuées peuplées de chérubins. Le reste de la décoration n'a rien de « baroque » : la netteté des divisions architecturales, qui répètent à l'intérieur les nervures courbes saillantes sur le toit, les fonds bleus des peintures de la coupole, qui représentent l'assemblée du Christ, des Apôtres et des Anges, symétriquement groupés autour de l'Eternel apparu au plus haut des cieux, le fond d'or étoilé de bleu des grandes mosaïques des pendentifs

rappellent encore dans un ensemble d'une grandeur unique les anciennes
mosaïques chrétiennes et la Chambre de la Signature, avec ses fresques
dont les fonds d'or imitent la mosaïque (fig. 87).

Fig. 87. — Intérieur de la coupole de Saint-Pierre.

Une nouvelle école de mosaïstes s'était formée au Vatican, où elle
devait travailler jusqu'à nos jours. Si elle se fût bornée à s'inspirer des
modèles des premiers siècles ou des grandes œuvres décoratives du
XVIe siècle, elle aurait donné à la basilique dont le Bernin faisait la plus

sompte use des églises baroques une décoration à la fois magnifique et
grave. Mais, dans ce siècle du trompe-l'œil, la mosaïque fut employée à
imiter la peinture à l'huile avec la finesse d'une tapisserie. Les autels de
Saint-Pierre reçurent des tableaux qui, au moyen de millions de cubes
d'émail assemblés par un travail de patience étonnant et stérile, repro-
duisaient à s'y méprendre de grandes toiles bolonaises bien vernies et
miroitantes.

Le Bernin n'est pas directement responsable de cette décoration
coûteuse et puérile des autels de Saint-Pierre. De même il n'a pris aucune
part à l'exécution du gigantesque tableau de marbre représentant Attila et
saint Léon, qui domine l'un des autels du bas-côté de gauche. Ce relief,
où des personnages en ronde bosse se détachent sur un fond d'architecture
et de paysage détaillé savamment, est le chef-d'œuvre de l'Algarde. Mais
c'est le Bernin qui a sculpté les monuments les plus importants élevés au
XVIIe siècle dans la basilique qui était redevenue la nécropole des papes.

Le mausolée d'Urbain VIII est digne du pape autoritaire et prodigue
dont le nom domine l'histoire de Rome au XVIIe siècle. Le sculpteur
s'est souvenu du tombeau de Paul III, où la pensée de Michel-Ange
restait présente dans le chef-d'œuvre de Guglielmo della Porta. La statue
de bronze est inspirée de la statue que le pape Urbain VIII avait commandée de son vivant au Bernin pour la salle d'assemblée des Conservateurs, au Capitole. Le visage est grave, le geste large, la draperie
solennelle. Le modelé de la cire et le travail du ciseleur ont donné aux
vêtements pontificaux une magnificence comparable à celle de la chape
de Sixte IV, ciselée par Pollajuolo. Les figures allégoriques ne sont plus
à demi couchées, comme la Nuit et le Jour du tombeau de Lorenzo de
Médicis, la Justice et la Sagesse du tombeau de Paul III. La Charité et
la Force sont debout, robustes femmes, entourées d'enfants joufflus ; le
marbre poli prête à leurs formes opulentes une rondeur satinée qui fait
penser aux Nymphes de Rubens. Entre ces belles créatures, épanouies
dans la santé, la Mort intervient en coup de théâtre : c'est le hideux
squelette, que la Renaissance avait proscrit, que les peintres du XVIe siècle n'étudiaient que pour y attacher des muscles, et que Michel-Ange
seul avait osé peindre, décharné et grimaçant, au bas de son *Jugement
dernier*. Maintenant il a les ailes du Temps ; il fait avec ses ossements
de bronze doré les gestes des Amours et des Victoires : c'est lui qui écrit
sur une tablette de marbre noir le nom d'Urbain VIII Barberini (fig. 88).

Le Bernin était dans la pleine vigueur de sa maturité quand il sculpta
ce mausolée ; il avait dépassé soixante-dix ans lorsqu'il entreprit ceux

d'Alexandre VII et de Clément IX, qui furent bien plus laborieux et plus bizarres. Les traditions de la Renaissance, encore présentes dans le mausolée d'Urbain VIII, sont désormais étouffées sous l'abondance des effets de théâtre et des variations de virtuose. Le maître venait d'achever,

Fig. 88. — Mausolée du pape Urbain VIII, par le Bernin (Basilique de Saint-Pierre).

sous le règne d'Alexandre VII, un ouvrage éblouissant, bouquet du feu d'artifice qui, d'un bout à l'autre de la basilique, jaillissait du marbre, du bronze et de l'or. En huit ans il avait élevé au fond du sanctuaire l'énorme machine de bronze doré destinée à renfermer la plus précieuse des reliques de saint Pierre, le siège qui était le titre historique et le symbole matériel de la puissance du Saint-Siège. Le précieux meuble, orné de plaques d'ivoires à sujets païens, dont plusieurs avaient été refaites pendant le moyen âge, fut caché dans un trône aux contours rocailleux. Ce trône lui-même fut comme suspendu en l'air. Quatre géants, les grands docteurs de l'Église grecque et latine, difformes et crevassés comme des rochers au pied d'une montagne d'or, soutiennent à peine le trône du bout du doigt. La masse repose en réalité sur un amoncellement de nuages de bronze qui descendent entre les statues : leurs flocons brillants vont se perdre dans la paroi, au milieu d'une foule de chérubins, sous une pluie de rayons dorés, qui semblent jaillir d'un petit vitrail ménagé dans l'épaisseur de l'énorme paroi pour laisser filtrer la lumière du jour (fig. 89). Dans cette invraisemblable composition, tout est fait pour étonner. C'est la poétique du cavalier Marini que le Bernin vieillissant applique à la sculpture, comme Borromini l'avait appliquée à l'architecture :

> È del poeta il fin la meraviglia :
> Chi non sa far stupir vada alla striglia.

Le Bernin fut architecte en chef du Vatican en même temps que de Saint-Pierre. Après les grandes constructions de Sixte V, il n'avait rien à ajouter aux nouveaux appartements privés du pape et aux étages où étaient logés les différents services. Les appartements de cérémonie, qui étaient restés dans l'ancien palais, avaient été embellis par Paul III. Le Bernin se contenta de faire achever la décoration de la Chapelle Pauline et d'ouvrir, à côté de cette chapelle, une salle d'apparat, en ménageant dans une cloison qui séparait deux chambres une arcade sur laquelle il drapa un rideau de stuc soutenu par des amours. Ce fut la Salle Ducale, qui communiqua, de même que la Chapelle Pauline, avec la Salle Royale, vestibule monumental du palais. Il manquait à cet appartement majestueux une entrée digne de lui. Le Bernin bâtit un escalier qui montait à la Salle Royale et qui fut appelé l'Escalier Royal (*Scala Regia*). Il communiquait à la fois avec un long vestibule pris dans la construction avancée d'Innocent VIII et avec le vestibule de Saint-Pierre : c'est par cet escalier que le pape descendait en pompe dans la basilique ou dans la ville ; c'est par là que montaient les ambassadeurs et les souverains. L'espace laissé à l'escalier entre les murailles du xve siècle était assez étroit; l'artiste sut le faire paraître plus large en le divisant en trois nefs, à la manière de l'entrée du Palais Farnèse. Il augmenta la profondeur pour les yeux, en rétrécissant progressivement l'intervalle qui séparait les deux files de colonnes et en ménageant au bout de quelques degrés un palier fortement éclairé qui laissait le haut de la montée se perdre dans

une pénombre. Ce « praticable » magnifique est le chef-d'œuvre d'une
architecture qui cherchait la grandeur dans les prestiges et les illusions.

Le Bernin, tout en transformant l'intérieur de Saint-Pierre et l'entrée
du Vatican, a trouvé le temps de s'attaquer à d'autres monuments histo-

Fig. 89. — Monument du trône de Saint-Pierre, par le Bernin (Basilique de Saint-Pierre).

riques de la Papauté. Santa Maria del Popolo, l'église des Della Rovere,
fut couverte par lui de marbres ronflants et peuplée d'anges langou-
reux et d'amours rebondis. La chapelle d'Agostino Chigi n'a pas échappé
au sort de l'église : elle fut stuquée et dorée par ordre d'Alexandre VII,
un Chigi qui descendait du banquier de Léon X. A côté des deux statues
de prophètes dont le modèle avait été donné par Raphaël, le Bernin a
fait place à deux personnages membrus, un Daniel et un Habacuc.

L'artiste qui encombrait de ses œuvres les églises déjà pleines de chefs-d'œuvre trouvait un champ libre dans les places publiques, où les fontaines recommençaient à jouer comme au temps des empereurs romains. Sa verve héroï-comique, qui prête aux saints une emphase de matamores, était à l'aise, lorsqu'il s'agissait de créer des demi-dieux pour présider aux ébats des eaux.

Fig. 90. — Fontaine de Trevi, par Nicola Salvi.

Le plus plaisant est sans doute le Triton qui, devant le palais Barberini, gonfle ses muscles dans un effort burlesque. La colossale fontaine de la place Navone est un char de carnaval arrêté devant Sant' Agnese, l'église de Borromini (fig. 82). Un rocher percé en forme de pont sert de piédestal à un obélisque haut de quinze mètres. Les divinités aquatiques sont quatre fleuves géants, accompagnés de plantes et d'animaux. Un lion sort d'une grotte, entre le Danube et le Gange; un cheval, d'une autre grotte, entre le Tibre et le Rio de la Plata, dont le rôle est joué par un nègre.

La Rome qui, de nos jours encore, s'impose aux regards du voyageur, avant qu'il n'ait abordé les sanctuaires de la Renaissance et exploré les restes précieux du moyen âge, est la Rome du Bernin. La fécondité

débordante de cet homme dépassa les limites de sa vie. Au XVIIIe siècle,
plusieurs palais de Rome furent achevés d'après ses plans. En 1735,
Nicola Salvi utilisa un de ses dessins, lorsqu'il éleva la plus magnifique des fontaines de Rome, celle de Trevi, où l'*Aqua Virgine* vient
former ses cascatelles devant une façade de palais, sous le geste impérieux d'un Neptune (fig. 90). Les deux architectes qui ont achevé en 1725

Fig. 91. — Place d'Espagne et escalier monumental de la Trinité-des-Monts.

le plus grand et le plus élégant escalier de Rome, les degrés à cie
ouvert de la Trinité des Monts, se souvenaient de Bernin plus encore
que de Borromini ; d'une extrémité de la ville à l'autre, les rampes tour-
nantes de cet escalier et les courbes du portique de Saint-Pierre semblent animées d'un même mouvement (fig. 91).

CHAPITRE VIII

ROME ÉCOLE ET MUSÉE

La ville où les plus grands artistes de l'Italie venaient créer des chefs-d'œuvre modernes à côté des ruines et des marbres antiques, était devenue, dès le XVIᵉ siècle, un lieu consacré dont la renommée attirait de loin les pèlerins de l'art, comme les fidèles. Tout d'abord, des architectes étrangers étaient venus chercher au pied des colonnades mutilées les enseignements qu'avaient trouvés à Rome un Brunelleschi et un Bramante. Vers 1535, Philibert Delorme dessinait au Forum ; un cardinal, qui traversait le Campo Vaccino avec sa suite, remarqua le jeune Français agenouillé devant l'arc de Titus et lui apprit à mesurer les monuments de Rome en palmes et en pieds romains. Ces voyageurs studieux, de retour dans leur patrie, achèvent rapidement la transformation de l'architecture, commencée par les Italiens attirés au delà des Alpes. Philibert Delorme fait triompher au château d'Anet les ordres classiques. Pierre Lescot, qui, lui aussi, avait visité Rome, imite, en construisant la cour du nouveau Louvre, les arcades et les colonnades qui avaient été copiées fidèlement à Rome, pour la première fois, par l'architecte du palais de Venise. La première Renaissance, en France et en Espagne, avait eu la grâce et la fantaisie de l'architecture lombarde ; la seconde garda, sous les traductions les plus libres et les plus légères, la solennité et la gravité romaines. Les monuments des papes sont étudiés par les étrangers en même temps que les ruines impériales. L'architecte Juan de Tolède, qui donne, en revenant de Rome, les dessins de l'énorme église de l'Escurial, reprend le projet légué par Bramante pour la construction de Saint-Pierre. Les dessins de Du Cerceau popularisent des fantaisies bizarres, dont Michel-Ange est l'inventeur ou l'inspirateur, et qui, en France comme en Italie, inaugurent le « baroque » avant la fin du XVIᵉ siècle.

Les peintres et les sculpteurs s'acheminent vers Rome sur les pas des architectes. Les Français, auxquels suffisent les modèles donnés à Fontai-

nebleau et à Paris par le Rosso ou Primatice, tardent à suivre les Flamands, qui viennent nombreux dès le milieu du XVIe siècle. Mais, à
partir de Simon Vouet, le voyage de Rome s'impose à tout peintre de
Paris ou des grandes villes de province, comme le couronnement de son
apprentissage. On compte ceux
qui, comme Philippe de Cham-
pagne ou Lesueur, n'ont jamais
vu la ville sainte. Sur la route,
la plupart des voyageurs visitent
Venise ou Florence, mais Rome
est le terme et le but. C'est là
que les artistes du Nord vont
recueillir, avec la leçon des
antiques, celle des peintres
éclectiques et des sculpteurs
emphatiques. L'art européen
achève de s'italianiser en se
romanisant. Lorsque la monar-
chie française a constitué la
théorie de gouvernement qui
traite l'art, comme toute chose,
en affaire d'État, le voyage à la
Mecque des artistes devient une
institution d'État. Après la
réception du Bernin à Paris et
la séance de l'Académie royale
où le sculpteur des papes
avait été écouté, en dépit des
jalousies, comme le premier
entre les artistes de son temps,
Colbert fonde en 1666 l'Académie de France à Rome.

Fig. 92. — Saint Bruno. Statue colossale de Houdon
(Église Santa Maria degli Angeli).

La plupart des artistes étran-
gers qui ont étudié à Rome n'ont été que des passants qui n'ont laissé
dans la ville aucune trace de leur séjour. Les plus grands y ont gardé,
au milieu des modèles qu'ils venaient consulter, leur impérieuse originalité. Rubens, qui vient à Rome en 1601, avec l'autorisation du maître
qu'il sert, le marquis de Mantoue, dessine d'après les fresques de Michel-
Ange et les tableaux de Caravage. Mais les toiles qu'il a peintes à

Rome se détachent fortement de la foule des œuvres laissées par les Italiens du commencement du XVIIᵉ siècle. Si un souvenir d'Italie est sensible dans le saint Sébastien du palais Corsini, c'est celui des maîtres de Venise morts depuis une génération et dont Rubens continuait la glorieuse tradition, à côté du Carrache et du chevalier d'Arpino. Cependant le peintre flamand avait gardé le culte de Rome autant que l'admiration de Venise. C'est lui qui, pendant son séjour en Espagne, conseilla à Vélasquez de visiter ces deux villes. Le peintre de Philippe III se rendit à Rome en 1629 ; il y revint au bout de vingt ans et assista au jubilé de 1650. C'est alors qu'il peignit le portrait d'Innocent X, en même temps que le Bernin sculptait le buste du pape. Le portrait signé par Vélasquez est l'orgueil de la Galerie Doria. Le peintre ne s'est souvenu d'aucune œuvre italienne. Il a regardé, sans plus de respect qu'il n'en aurait eu en face d'un nain ou d'un bouffon de son roi, la face tuméfiée et luisante et la laideur animale du pontife. Il a fait du visage, de la barrette, du camail, du fauteuil et de la tenture un rougeoiement dont l'audace insolente et superbe éteint, pour qui en a été ébloui, toute peinture dans la ville entière.

Même parmi les sculpteurs étrangers, plus d'un échappa à la servitude de l'imitation et à l'ascendant de la faconde berninesque. Houdon était pensionnaire à l'Académie de France lorsqu'il acheva, avec sa vigueur sobre de portraitiste, le saint Bruno colossal de Santa-Maria degli Angeli, ce moine à la tête rase, au froc épais, qui semble passer sous les claires arcades du cloître de la Chartreuse, apparition sévère et unique dans la Rome du XVIIᵉ et du XVIIIᵉ siècle (fig. 92).

D'autres, Flamands ou Français, ont vécu longuement à Rome. Leurs noms appartiennent à l'histoire monumentale de la ville, au même titre que ceux de Raphaël ou de Michel-Ange. Dès le milieu du XVIᵉ siècle, Barthélemy Spranger d'Anvers est admis parmi les peintres du pape Pie IV et logé au Vatican. Après lui, deux autres Anversois, Mathieu Bril le jeune et Paul Bril travaillent à la décoration du palais pontifical. L'un après l'autre ils meurent à Rome.

Quelques sculpteurs étrangers, non contents de copier des antiques pour la résidence d'un archiduc ou pour les jardins de Versailles, s'enrôlent dans la troupe brillante des sculpteurs italiens qui remplissent de leurs œuvres les palais et les églises de Rome. L'énorme tabernacle de la basilique de Saint-Pierre, desssiné par le Bernin, fut exécuté presque tout entier par François Duquesnoy, de Bruxelles, célèbre en son temps sous le nom de *Francesco Fiammingo*. Un pensionnaire du roi de

France, Pierre Legros, quitte l'Académie en 1692 pour travailler librement. Il devient le sculpteur ordinaire de la Compagnie de Jésus. Continuateur du Bernin, il est le véritable héritier de sa vogue. Le directeur de l'Académie de France peut écrire à Louis XIV, à propos de ce glorieux transfuge : « Le sieur Legros est, de l'aveu de tous les Italiens, le premier sculpteur qui soit dans l'Italie. »

Les étrangers qui ont vécu à Rome, imitant les marbres antiques, les tableaux des Bolonais ou du Caravage, les sculptures de Bernin, ont pu égaler ou dépasser les Italiens de leur temps : mais l'histoire ne peut les élever au-dessus du rang secondaire qui convient aux disciples. Quelques-uns de ces Flamands et de ces Français de Rome doivent seuls être comptés parmi les maîtres et les créateurs ; ce sont ceux qui ont vu, senti et exprimé ce que les Italiens, attachés à l'étude des œuvres d'art du passé ou du présent, ont pour la plupart négligé de regarder : la beauté de Rome.

Bien peu, dans le nombre des peintres qui étaient venus d'Ombrie ou de Toscane travailler pour les papes du XVe et du XVIe siècle, avaient essayé de rendre le charme pittoresque des ruines qui couvraient les collines historiques et la grandeur morne de la campagne déserte. C'est à peine si Pinturicchio, le peintre des montagnes ombriennes, a indiqué, dans une fresque de l'appartement Borgia, un coin de paysage romain [1]. Peruzzi est sans doute le premier qui ait peint une suite de vues de Rome, celles qui décorent une salle au premier étage de la Farnésine. Enfin Raphaël est le seul qui, avant le milieu du XVIe siècle, semble avoir compris, en regardant le fleuve et la ville du haut du Vatican, sous la *loggia* de Bramante, la poésie unique du spectacle que lui offraient la nature et l'histoire. Cette poésie rayonne dans les scènes bibliques de la *loggia*. Elle concourt au charme de quelques tableaux, Madones ou Saintes Familles, dont aucun n'est resté à Rome. Au fond du tableau fameux, joyau du musée du Prado, à Madrid, qui est connu sous le nom de *la Perla*, des ruines solennelles s'étagent devant le ciel embrasé par le couchant.

Après la mort du jeune maître dont l'œuvre avait montré à Rome toutes les richesses de l'art et tous les aspects de la beauté, les peintres Italiens, entraînés par l'ascendant de Michel-Ange et livrés tout entiers à l'étude du corps humain, négligent le paysage romain. Cependant la création des parcs pontificaux et des jardins princiers fait régner aux portes de la ville et jusque dans l'enceinte la majesté des grands bois.

[1] Voir le volume précédent, p 161, fig. 104.

Parmi les étrangers qui admirent cé spectacle de solitude et de paix, dont jouissent les voluptueux patriciens de Rome, il se trouve des peintres. Vélasquez, dans son premier séjour à Rome, est logé dans la villa Médicis. Il y brosse sur deux petites toiles, deux études du « Bosco », uniques en leur siècle, et qui, dans la salle du musée de Madrid, où elles se trouvent rapprochées des plus fameux chefs-d'œuvre du maître, font penser aux rêveries que Corot a fixé deux siècles plus tard sur la toile, dans ce même lieu, auguste et sombre comme un bois consacré à d'antiques divinités.

Au temps où Vélasquez peignait ces deux études, déjà quelques paysagistes, venus du Nord et établis à Rome, avaient consacré le meilleur de leur talent à peindre patiemment et minutieusement les ruines de la ville, abruptes comme des rochers, et les rochers de Tivoli, majestueux comme des ruines. Le Flamand Paul Bril et l'Allemand Elzheimer donnent au commencement du XVIIe des modèles de ces paysages, dont Raphaël avait donné de rares exemples dans les fonds de quelques tableaux : ensembles harmonieux de monuments et de montagnes qui composent un genre nouveau de peinture, sorti tout entier de Rome et de son sol plein d'histoire : le « paysage historique ».

Ce genre triomphe à Rome, pendant le XVIIe siècle, dans les chefs-d'œuvre de deux Français. L'un était Normand, l'autre Lorrain ; mais tous deux se sont faits Romains. Nicolas Poussin vécut quarante ans à Rome ; Claude Gellée y vécut soixante ans. Tous deux y moururent, l'un en 1665, l'autre en 1682. Chateaubriand, pendant son ambassade auprès du Saint-Siège, a fait ériger un monument sur le tombeau de Poussin, à San Lorenzo in Lucina, près du Corso ; la « nation française » a consacré, quelques années plus tard, à la mémoire de Claude Lorrain une stèle modeste, placée dans la chapelle de l'église de San Luigi dei Francesi où avaient été transférées les cendres du peintre.

Aucun peintre n'a épuisé aussi complètement que Poussin les leçons de Rome : enseignement des vivants, des morts et des choses. Il a étudié les œuvres du Dominiquin et du Caravage, comme avaient fait avant lui à Rome ses compatriotes Vouet et Valentin. Mais, au delà des ateliers de ses contemporains, Poussin regarde Raphaël ; au delà de Raphaël, il cherche l'antiquité. Il veut la connaître en savant, dans son histoire, dans ses ruines, dans ses statues, dans le détail des costumes et des accessoires ; il l'analyse en artiste. Ce n'est point seulement aux marbres qu'il demande des modèles de style. Une découverte récente avait remis au jour une œuvre de peinture antique telle que n'en avaient vue ni les premiers peintres de « grotesques », ni Raphaël : la fresque des

« Noces Aldobrandines »[1]. Poussin copia plus d'une fois cette fresque en qui
revivait la grâce sévère de la peinture grecque avant les fantaisies alexan-
drines ; il l'imita dans un tableau que possède encore la Galerie Doria. Le
souverain dessinateur d'académies et de draperies, tout en recueillant plus

Fig. 93. — Mausolée du pape Clément XIII, par Canova (Basilique de Saint-Pierre).

patiemment qu'aucun autre l'héritage artistique du passé, a consacré le
meilleur de son génie à contempler et à célébrer ce qui n'était point à
Rome l'œuvre des mains humaines, mais l'œuvre de la nature et du temps.
Dans ses tableaux les plus harmonieux et les plus profonds, c'est le
décor, plutôt que les groupes, qui exprime, par la sérénité des lignes ou

[1] Voir *Rome. l'Antiquité*, p. 57, fig. 50.

la force tragique des masses, la pensée poétique du peintre philosophe. Ce décor, c'est le paysage romain, la Campagne peuplée de ruines
géantes, le fleuve qui serpente au sortir des murailles, parmi les joncs des
marécages, le Val d'Enfer, qui ouvre derrière le Vatican son oasis fleurie
d'asphodèles, les rochers altiers et les eaux bondissantes de Frascati et
de Tivoli. L'œuvre entière du peintre français — la Bible comme l'histoire grecque et romaine, — est l'image d'une Rome idéale, où les monuments du passé sont debout à côté des ruines, et où l'humanité antique
apparaît, toujours forte et sereine, dans le désert superbe que les siècles
ont fait autour de la Ville.

Claude Lorrain, lorsqu'il s'établit définitivement à Rome en 1627, n'y
chercha point sa voie dans la foule des tableaux et des statues. Incapable,
comme il le fut toute sa vie, de camper correctement une figure humaine,
il avait peu de choses à apprendre des peintres en vogue et des collections
d'antiques. Le seul Italien dont il fut, dit-on, le disciple, Agostino Tasti,
était un élève de Paul Bril. Le peintre lorrain prit la suite des Flamands
et des Allemands qui avaient peint des vues de Rome, où les ruines et les
accidents de terrain étaient multipliés pour les besoins du pittoresque, sans
souci d'une stricte fidélité. Au témoignage de l'Allemand Sandrart, qui fut
son ami à Rome, Claude Gellée dessina et peignit longtemps d'après
nature, dans la Campagne, à la Villa Madame et jusque dans les montagnes de la Sabine et dans les monts Albains. D'autre part, il s'était
initié tout d'abord, par un travail de deux ans, aux formules de l'architecture antique et aux lois de la perspective. Ses tableaux furent, non
pas des copies directes d'un paysage ou d'un monument, mais des compositions faites dans l'atelier avec les notes de ses longues promenades et sa
science de l'architecture. Les hautes colonnades s'unissent aux arbres
majestueux des parcs princiers aux larges horizons de la campagne et de
la mer pour évoquer le spectacle d'un monde placé en dehors des lieux
et des temps connus, entre l'antiquité historique et la nature qui s'est
reflétée dans les yeux du peintre. Les visions de Claude Lorrain sont,
comme celles de Poussin, des traductions et des transpositions, où les
images d'une Rome disparue se mêlent invinciblement à celles du paysage
romain. Les deux peintres français ont habité et travaillé côte à côte
pendant quelques années, sur la colline du Pincio, près de la Trinité-des-
Monts. Tous deux ont vu, bien des fois, du haut de cette colline, le
soleil se coucher derrière le dôme de Saint-Pierre. Mais Claude Lorrain
seul a fixé au tissu de ses toiles la splendeur calme de la lumière qui
baigne les beaux soirs de Rome.

Poussin et Claude Lorrain ont travaillé autant pour les papes et pour les cardinaux que pour les amateurs et les princes qui leur envoyaient des commandes de l'étranger. Au XVIIIe et au XIXe siècle la plupart des œuvres célèbres que les deux peintres français avaient laissées dans les églises et les palais de Rome ont passé en France, en Angleterre, en Russie. C'est peu qu'un tableau comme la *Mort de Germanicus* de la Galerie Barberini, ou qu'une série comme les quatre toiles de Claude Lorrain conservées dans la Galerie Doria, pour rappeler, dans la ville où elles ont été créées, tant d'œuvres qui, selon le mot de Burckhardt, « donnent à ceux qui les voient hors d'Italie la nostalgie de l'inoubliable Rome ».

Claude Lorrain n'eut point de disciples en Italie ; Poussin n'en aurait pas eu, s'il n'avait épousé à Rome la fille d'un peintre français établi dans la ville. Il forma son beau-frère, Gaspard Dughet. Celui-ci a peint, dans plusieurs

Fig. 94. — Monument funéraire des Stuarts, par Canova
(Basilique de Saint-Pierre.)

salons des palais Colonna et Borghèse, de grand paysages décoratifs, où d'autres artistes ont ajouté des figures. La haute poésie des deux maîtres qui avaient consacré leur vie à admirer et à chanter la beauté de Rome fut lettre morte pour les Italiens et pour les étrangers qui vivaient à Rome. La peinture resta aux mains des maniéristes, comme l'architecture et la sculpture aux mains des disciples de Borromini et du Bernin.

Une réaction se manifesta dès le milieu de XVIII⁰ siècle. Ce n'est point
de Rome que partit l'impulsion. Pour détourner les artistes de l'art
baroque et pour ramener la curiosité publique vers l'antiquité, il fallut
une découverte plus merveilleuse que celles qui avaient été faites, au
temps d'Innocent VIII et de Jules II, sous les décombres des thermes
impériaux et autour des sépulcres de la via Appia : Pompéi et Hercu-
lanum apparurent dans leur tombe entr'ouverte. Cependant les ruines et
les collections de Rome ont joué un rôle capital dans les études qui
devaient à la fois créer des sciences nouvelles et transformer pour plus
d'un demi-siècle les principes de tous les arts. Winckelmann, l'historien
de l'art antique et le théoricien de l'art néo-classique, établit son centre
d'action dans la villa remplie de marbres précieux où le cardinal Albani
vivait comme un contemporain de Léon X, entouré de savants et d'artistes. Les artistes qui de nouveau s'appliquent à copier les ruines de
Rome, le peintre français Hubert Robert, le graveur vénitien Piranesi,
sont des archéologues, en même temps que des paysagistes. En 1779
arrive à Rome un jeune sculpteur trévisan, appelé à devenir en Italie le
maître incontesté de cette seconde Renaissance, à qui manqua la sève
de jeunesse qui avait vivifié la première. Antonio Canova, après avoir
étudié les antiques, se fit connaître à Rome par le groupe de Thésée et
du Minotaure. Il devint le sculpteur des papes et des princes. Les
œuvres qui lui ont été commandées pour la basilique de Saint-Pierre,
— le mausolée théâtral de Clément XIII (fig. 93), le cippe funéraire des
Stuarts, les rois en exil, dont la lignée venait de s'éteindre à Rome
(fig. 94) — contrastent par leur rigidité solennelle et leur pureté glacée
avec la verve bouillante qui anime les figures des mausolées d'Urbain VIII
et d'Alexandre VII. Le plus simple et le plus émouvant des marbres de
Canova qui se trouvent réunis dans la nécropole pontificale est la statue
agenouillée de Pie VI, qui, selon le vœu du pontife, a été placée devant
la confession de saint Pierre, au bas des gradins qui descendent vers la
porte fermée.

Le pape qui prie à jamais devant le tombeau de l'Apôtre avait été
chassé du Vatican par la Révolution : il était mort à Savone en 1799. Son
successeur, Pie VII, s'en alla couronner Napoléon à Notre-Dame. Enlevé
de Rome en 1809, il n'y revint qu'au bout de cinq ans, après la chute de
l'empereur. Pendant l'exil de Fontainebleau, qui semblait continuer l'exil
d'Avignon, Rome devint le chef-lieu d'un département français ; le Vatican
fut dépouillé de ses marbres au profit du Louvre ; mais la ville des papes
et des Césars garda son rang de métropole religieuse et artistique. Dans

l'année 1801, où fut signé le Concordat, le premier consul avait achevé
de réorganiser l'Académie de France à Rome, dont les pensionnaires
avaient dû fuir, en 1792, devant les émeutiers et les sbires : un double
pacte, dont les conséquences n'ont point cessé d'agir sur la pensée et
l'art moderne, était conclu par la France avec la capitale du monde
catholique et avec la capitale de l'art classique. L'Académie recons-
tituée fut installée à la villa Médicis, et la colline du Pincio, piédestal de
ce temple charmant du style Empire, fut ornée de terrasses et de
rampes solennelles par l'architecte Valadier (fig. 95). Canova, tout en
sculptant les marbres destinés à occuper dans les salles du Vatican les
vides laissés par les chefs-d'œuvre qui avaient été emportés à Paris, dut
travailler pour le nouveau maître de Rome. Il fit les statues de
Mme Lætitia, la mère de l'Empereur, en Agrippine assise, et de Pauline,
la sœur de Napoléon, mariée au prince Borghèse, en Vénus demi
couchée et demi nue, tenant la pomme des victoires d'amour. Cette statue
voluptueuse, restée dans le Casino des Borghèse, est, avec les froids
reliefs du Pincio, la seule œuvre d'art qui rappelle le nom des Bonaparte
dans la ville dont Napoléon donna à son fils la royauté éphémère.

CHAPITRE IX

LA CAPITALE DE LA TROISIÈME ITALIE

Pie IX érigea en 1854, sur la place d'Espagne, la colonne de l'Immaculée Conception, imitée de la colonne de Pie V sur la place de Sainte-Marie-Majeure. Ce fut le dernier monument notable qu'un pape éleva dans la ville. Lorsque le corps de Pie IX, mort en 1878, fut transporté dans la basilique de Saint-Laurent hors les Murs, où le pape avait voulu reposer près d'une catacombe, dans un sarcophage imité de ceux des premiers siècles chrétiens (fig. 96), le convoi ne fut pas celui d'un souverain. Le 20 septembre 1870, la Papauté avait perdu Rome. L'État pontifical est limité aujourd'hui au Vatican et à Saint-Pierre. Les palais dont la « loi des garanties » a laissé la propriété au pape, comme ceux de la Chancellerie, de la Propagande et du Latran, sont des enclaves dans le territoire d'un nouveau royaume.

Rome, après avoir été la capitale du monde romain et la capitale de l'Église-reine, est devenue la capitale de la « troisième Italie ». Cette nouvelle Rome a dû se loger dans les ruines et les monuments des deux autres. Le palais du Quirinal, agrandi par les papes pendant deux siècles, est devenu le palais royal de la maison de Savoie ; le palais de Monteci-

Fig. 96. — Sarcophage de Pie IX, dans la basilique de Saint-Laurent hors les Murs.

torio, palais de justice des papes du XVIII⁰ siècle, a été transformé intérieurement pour servir de Chambre des Députés ; le Palais Madame, habité au XVI⁰ siècle par la fille de Charles-Quint qui a donné également son nom à la Villa Madame, a prêté ses bâtiments, reconstruits pendant le XVII⁰ siècle, au Sénat du royaume.

Cependant la Rome papale ne pouvait satisfaire ni les besoins, ni les ambitions d'une capitale moderne. Malgré les grands travaux de voirie exécutés depuis Sixte V, malgré les torrents d'eau que les aqueducs romains restaurés par les papes amenaient aux fontaines monumentales, trop de quartiers étaient encore, il y a peu d'années, malsains et sordides,

Les artistes qui ont vécu à Rome sous Pie IX ont gardé le souvenir des
haillons pittoresques qui pendaient au soleil et des ruelles sombres qui
prenaient, le soir, un aspect de coupe-gorge. Plus d'un a regretté, en
revenant dans la capitale de l'Italie, la « saleté » séculaire et vénérable
de la *Roma sporca*. Les voyageurs ne partageront pas plus ces regrets
que les hygiénistes. Le gouvernement qui a jeté bas l'ancien Ghetto et a
ouvert à l'air et au soleil les bouges tapis autour du théâtre de Marcellus,
a fait œuvre de salubrité publique.

Toutes les entreprises qui devaient concourir à la santé et à la pros-
périté de la nouvelle capitale n'ont pas été également heureuses. Les travaux qui ont enserré le Tibre entre des quais dont les murailles sont
dignes de l'ancienne Rome ont sans doute préservé les quartiers riverains
d'inondations comme celle qui, dans l'année 1870, avait causé un véritable désastre. Mais il est arrivé que le fleuve n'a plus rempli son lit
et que des courants ont changé de direction. Un bas-fond s'est formé
entre l'île du Tibre et la rive gauche. Les arches grises du pont Fabri-
cius, engluées dans un banc de vase fétide, ne sont plus lavées par le
flot jaune du fleuve divin. Un des aspects les plus aimables de Rome
est devenu repoussant.

Après 1870, un brusque afflux de population envahit la ville qui était
devenue le siège du gouvernement. Soldats et fonctionnaires, hommes
politiques et commerçants s'y donnèrent rendez-vous du Nord et du Midi
de l'Italie. La ville grandit en dix ans plus qu'elle n'avait fait depuis
Sixte V. Au delà de l'ancien Borgo Felice, créé par le grand pape, des
quartiers neufs couvrirent de leurs maisons à cinq étages le Quirinal, le
Viminal et l'Esquilin. C'est dans ces quartiers que s'élevèrent les bâtiments
énormes du ministère de la Guerre, du ministère des Finances et de la gare
principale. Une avenue large et droite, la via Nazionale, pour laquelle il
fallut percer une colline et combler un vallon, relia directement les quartiers neufs de l'Est à l'ancien Champ de Mars, où se trouvaient réunis
les palais de la Chambre des Députés et du Sénat, séparés du palais du
Quirinal par le Corso. Une avenue qui prit la suite de la via Nazionale, au
bas des pentes du Quirinal, et se prolongea jusqu'au fleuve, reçut le nom
du roi qui avait reformé la nation italienne, Victor-Emmanuel II.

Cette avenue transforma un quartier qui avait peu changé depuis le
temps de Jules II et de Paul III ; elle passa droite devant le palais Massimo
dont la singulière façade garde la courbe d'une rue du XVIe siècle (fig. 70).
Les grands travaux de viabilité, rapidement conduits à travers les difficultés
d'un terrain plus accidenté que celui d'aucune autre capitale européenne,

ont contribué à l'assainissement de la ville en même temps qu'à la facilité
des communications. Les fils des « trolleys » et ceux des télégraphes ont
bien formé des entrecroisements dont la trame noire serait mieux d'accord
avec les architectures d'une ville américaine qu'avec la masse imposante
d'un palais tel que le Quirinal. Ce sont là des maux nécessaires, auxquels
une ville ne peut échapper qu'en se fermant à la vie moderne. Il est

Fig. 97. — Le départ de Régulus. Tableau de Cesare Maccari (Palais du Sénat).

impossible de condamner les citoyens qui n'ont pas voulu laisser à la
capitale d'un jeune royaume la beauté morte d'un Musée.

Mais des excès ont été commis et des folies irréparables. La fièvre des
grands travaux et des constructions envahissantes a dégénéré en fièvre de
spéculation et d'agiotage. Aucun terrain n'a été respecté, sauf le Forum et
le Palatin, transformés par l'État en « promenade archéologique ». Des
casernes de locataires se sont élevées à quelques pas du Colisée, sur les
ruines des thermes de Titus.

Les grands jardins des princes romains, héritiers des jardins de Salluste
et de Lucullus, qui avaient fait depuis le XVIᵉ siècle l'admiration des
voyageurs et des peintres, furent morcelés en partie pour faire place à
des maisons de rapport. Le jardin de la Farnésine fut réduit misérable-
ment. La villa Ludovisi disparut tout entière, palais, bosquets, cyprès et

chênes, comme engloutie dans un cataclysme. Les jardins de la Villa
Borghèse et ceux de la Villa Pamphili, presque seuls intacts, l'un sur le
Pincio, l'autre sur le Janicule, permettront de juger le crime de ceux qui
ont abattu les oasis dont les dômes de verdure s'arrondissaient naguère
entre la Rome papale et les nouveaux quartiers.

Les terrains violemment repris dans l'intérieur de l'enceinte ne suffi-
rent pas aux spéculateurs. Les prés qui s'étendaient au delà du Tibre, à
l'est du Château Saint-Ange, les *Prati di Castello*, promenade favorite
du peuple de Rome, furent proscrits en même temps que les jardins aux
noms illustres. Un palais de justice énorme fut commencé sur la rive
droite du fleuve et derrière ses échafaudages s'éleva, en quelques années,
une masse profonde de bâtisses hâtives, dont les hautes façades uniformes
étaient séparées par de larges rues. Mais l'audace des spéculateurs devait
trouver son châtiment. Les hommes d'affaires avaient compté que la
population si rapidement accrue en quelques années, après 1870, ne
cesserait de grossir ; avant 1880, le flot s'était arrêté. Les îlots de maisons
qui avaient remplacé le parc des Ludovisi, le vaste quartier des *Prati*
attendaient un peuple qui ne vint pas. La spéculation vit tout à coup
son erreur et s'affola ; les désastres financiers se précipitèrent ; les maisons
inhabitées regardèrent de leurs fenêtres béantes des rues désertes. Beaucoup restèrent inachevées et commencèrent à se dégrader.

Émile Zola a peint avec force, dans son livre de *Rome*, ce spectacle de
désolation. D'autres étrangers, émus par la disparition des beautés naturelles et des monuments d'histoire, qui avaient fait place à des ruines
modernes, avaient poussé des cris d'alarme. Grégorovius, l'historien allemand de la Rome du moyen âge, dénonça au monde « la destruction de
Rome ». Un grand peintre, qui avait été directeur de l'Académie de
France, peignit une jeune femme grave et triste, drapée de noir et assise
sur des ruines, devant les silhouettes lointaines de Saint-Pierre et du
Capitole. Il en fit l'image de Rome indignée par les nouveaux barbares :
Roma sdegnata.

Les fautes commises par les hommes qui ont fait trop hâtivement de
Rome une ville neuve ne sont pas sans excuse. La « mégalomanie » tant
reprochée aux ministres de la maison de Savoie n'est-elle pas une folie
attachée à la possession de Rome, et à laquelle n'ont échappé ni les papes
grands politiques, depuis Grégoire VII, ni les papes grands bâtisseurs,
depuis Nicolas V ?

La ville où les troupes piémontaises entrèrent par la brèche de la Porta
Pia avait subi bien des renouvellements, dans les quinze siècles qui

séparent la fin de l'Empire romain et la chute de Pie IX. » Chaque fois,
écrit éloquemment Auguste Geffroy, l'ancien directeur de l'École française
de Rome, on a vu la période naissante infliger à celle qui la précédait
quelqu'un de ces dommages que les contemporains attachés à la tradition
sont tentés de regarder comme des sacrilèges, en attendant que d'autres
monuments et d'autres souvenirs acquièrent eux aussi la dignité de l'âge

Fig. 98. — Monument de Garibaldi, sur le Janicule. Œuvre du sculpteur Galiori.

et tombent finalement, à leur tour, sous les atteintes des générations
ultérieures. C'est la loi de la vie... »

Les imprudences les plus déplorables ont eu leurs compensations. Les
travaux qui ont détruit en partie la majesté et le charme de la Rome
papale ont contribué à faire connaître la ville antique jusque dans ses
profondeurs les plus reculées. Les percements ont enrichi plus que les
fouilles officielles les études de topographie antique. Les trous creusés
pour les fondations des maisons à cinq étages ont mis au jour des œuvres
d'art aussi précieuses que les marbres exhumés pendant la Renaissance et
qui ont rempli le Musée formé au milieu des quartiers neufs de l'Est,
dans les ruines des Thermes de Dioclétien.

La ruine des spéculateurs qui s'étaient engagés dans les affaires de terrains et de constructions a eu un effet indirect et inattendu : elle a enrichi le patrimoine artistique de la ville et de la nation. Les plus ardents des agioteurs avaient été les princes romains des anciennes familles papales, dont plusieurs avaient sacrifié leurs palais et leurs parcs héréditaires à l'espoir de rebâtir une fortune diminuée de génération en génération. Après la catastrophe qui entraîna pêle-mêle banques et particuliers, plus d'un prince se trouva dépouillé de tout ce qu'il avait pu risquer. Il restait aux grandes familles les galeries de tableaux et de statues que les cardinaux et les princes, neveux d'un pape, avaient formées au temps où ils étaient gorgés des richesses de l'Etat. Mais de ces richesses ils étaient à la fois propriétaires et dépositaires. Les papes leur en avaient donné le fidéicommis : un édit fameux, rédigé par le cardinal Pacca et promulgué par Pie VII, interdisait rigoureusement l'aliénation du moindre objet. Quelques princes romains essayèrent de passer outre ; mais le gouvernement nouveau reprit l'arme de l'édit Pacca : la vente de la galerie Sciarra, dont les tableaux les plus fameux avaient été subrepticement transportés en France, donna lieu à un procès retentissant. Dès lors, ceux qui ne pouvaient plus suffire à l'entretien d'une collection princière n'eurent d'autre ressource que d'accepter les offres d'achat du gouvernement italien. Ces marchés forcés, dont les plus importants ont été conclus récemment, ont fait entrer les marbres de la Villa Ludovisi dans le Musée des Thermes et ont transformé la Villa Borghèse en Galerie nationale.

La ville qui a hérité des monuments des empereurs et des papes et qui commence à hériter des collections des princes romains veut avoir des monuments neufs. Les premiers ont été les grands Ministères, dont il n'y a rien à dire, sinon que le badigeon d'ocre étalé sur leurs façades est peu plaisant à l'œil. Le bâtiment d'Exposition des Beaux-Arts élevé sur la via Nazionale a l'ordonnance classique de tous les bâtiments d'Exposition avant l'emploi de l'architecture en fer. Il contient des tableaux modernes, dont plusieurs sont des œuvres remarquables, mais qui, envoyés de diverses provinces, n'ont rien de romain.

Cependant peintres, sculpteurs et architectes se rassemblent de toute l'Italie pour rivaliser à Rome avec les monuments du passé. Les fresques peintes en 1888 par Cesare Maccari dans le palais du Sénat mettent en scène sur de grandes toiles de panorama, couvertes de figurants quatre épisodes fameux de l'histoire romaine (fig. 97). Rome a, depuis 1895, un monument de Garibaldi, comme toutes les grandes villes italiennes. Élevé sur le Janicule, d'où le glorieux vaincu de Mentana tourne son regard vers le dôme de Saint-Pierre et le Vatican, le monument, œuvre de Gallori, est digne d'une capitale (fig. 98).

Un monument beaucoup plus audacieux, et tel qu'aucune nation moderne n'en a dédié à ses héros, a été fondé en l'honneur de Victor-Emmanuel II, au flanc du Capitole. Il élève ses premières assises sur un soubassement cyclopéen. Déjà le couvent et le cloître de l'Aracœli sont abattus pour faire place aux fondations ; une aile du palais de Venise est condamnée. Le monument auquel ont été faits d'avance de tels sacrifices doit être pour la perspective du Corso une magnifique toile de fond. Déjà il est possible d'imaginer l'effet des masses qui sortent du sol.

Une colonnade gigantesque s'adosse à la colline ; soixante colonnes couronnées de chêne masquent un bâtiment qui sera le Musée des drapeaux. Deux propylées se détachent en avant de la colonnade, consacrés l'un à la Liberté, l'autre à l'Unité. Au milieu de l'ensemble monumental, sur une large esplanade à laquelle des gradins montent religieusement, un groupe colossal surmonte l'autel de la patrie, dédié à Rome et à Victor-Emmanuel. Le projet a la grandeur des Forums impériaux. Une telle œuvre réclame une armée de sculpteurs, aux ordres d'un architecte souverain. Le comte Sacconi sera-t-il le Michel-Ange ou le Bernin appelé par les vœux de Rome ? Il faut patienter et ne point juger d'après des blocs encore pareils à des ruines le monument de l'avenir.

Fig. 99. — Aigle antique, encastrée au temps de Jules II, dans l'église des Santi Apostoli.

TABLE DES ILLUSTRATIONS

Jules II en 1506. Médaille de Caradosso 1
Pietà de Michel-Ange, dans la basilique de Saint-Pierre 5
Tempietto de Bramante, près de San Pietro in Montorio 5
Mausolée du cardinal Ascanio; architecture de Bramante; sculptures d'Andrea San-
    sovino. Église Santa Maria del Popolo 9
Le Saint-Pierre de Bramante. Médaille de Caradosso 12
Voûte de la Chapelle Sixtine 13
Le prophète Jonas. Voûte de la Chapelle Sixtine 16
La création d'Ève, avec quatre figures décoratives. Voûte de la Chapelle Sixtine . . 17
Le péché originel 18
La sibylle de Cumes 19
La création de l'homme 20
Dieu sépare le soleil et la lune. Création du monde végétal de la terre 21
Dieu bénit la Terre. Quatre figures décoratives 22
Le prophète Joël 23
Le prophète Isaïe 24
Le prophète Daniel 25
Le prophète Ézéchiel 26
La sibylle Delphique 27
La sibylle Érythrée 28
La sibylle Lybique 29
Le prophète Jérémie 30
La Justice. Fresque de Raphaël. Chambre de la Signature 33
La Théologie. Fresque de Raphaël 34
La Philosophie. Fresque de Raphaël 35

La Poésie. Fresque de Raphaël.   36
La Force, la Prudence et la Tempérance. Fresque de Raphaël.   37
Justinien promulguant les Institutes. Fresque de Raphaël.   38
Grégoire IX promulguant les Décrétales. Fresque de Raphaël.   39
Le Parnasse. Fresque de Raphaël   41
Apollon et les Muses. Détail du Parnasse. Fresque de Raphaël   42
L'École d'Athènes. Fresque de Raphaël   43
Platon et Aristote. Groupe central de l'École d'Athènes. . . . .·   44
Le triomphe du Saint-Sacrement. Fresque de Raphaël   45
La Sainte Trinité. Groupe central du Triomphe du Saint-Sacrement   47
Zoroastre et Ptolémée. Portraits de Raphaël et de Sodoma. Détail de l'École
    d'Athènes.   48
Fresques de Baldassare Peruzzi, sur la voûte de la Chambre d'Héliodore   49
Le miracle de Bolsène. Fresque de Raphaël   51
Portrait de Jules II dans la fresque du miracle de Bolsène.   53
La délivrance de Saint Pierre. Fresque de Raphaël.   55
Héliodore chassé du Temple. Fresque de Raphaël . . . . ·   57
Rencontre de saint Léon et d'Attila. Fresque de Raphaël.   59
Moïse, statue colossale de Michel-Ange, faisant partie du mausolée de Jules II, à
    San Pietro in Vincoli.   61
Écusson de Léon X, sur la bordure d'une tapisserie dessinée par Raphaël   63
Tête du Christ de Michel-Ange, dans l'église de Santa Maria sopra Minerva . . .   65
La remise des clefs à Saint Pierre. Tapisserie exécutée d'après le carton de Raphaël.   67
La pêche miraculeuse. Tapisserie exécutée d'après le carton de Raphaël   69
Saint Pierre guérissant un estropié. Tapisserie exécutée d'après le carton de
    Raphaël   71
L'incendie du Borgo. Fresque de Raphaël. Palais du Vatican   73
Loggia de Raphaël. Palais du Vatican   75
Jacob racontant son rêve à ses frères. Fresque dans la loggia de Raphaël.   77
La création des animaux. Fresque dans la loggia de Raphaël   78
Moïse sauvé des eaux. Fresque dans la loggia de Raphaël.   79
Jacob et les filles de Laban. Fresque dans la loggia de Raphaël.   80
Voûte de la grande salle de l'Appartement Borgia, décorée sous le règne de Léon X.   81
Les Sibylles. Fresque de Raphaël dans l'église de Santa Maria della Pace   82
La sibylle de Phrygie. Détail de la fresque de Raphaël à Santa Maria della Pace.   83
Jonas. Statue de la chapelle Chigi, dans l'église Santa Maria del Popolo, exécutée
    d'après un modèle de Raphaël   85
Coupole de la chapelle Chigi, dans l'église de Santa Maria del Popolo. Mosaïques
    exécutées d'après les cartons de Raphaël   87
Le mariage d'Alexandre et de Roxane. Fresque du Sodoma au premier étage de la
    Farnésine.   89
Galathée et les Amours. Fresque de Raphaël au rez-de-chaussée de la Farnésine.   91
Psyché apporte à Vénus l'urne donnée par Proserpine. Fresque de la Farnésine,
    peinte d'après le carton de Raphaël.   93
Jupiter accorde à l'Amour la grâce de Psyché. Fresque de la Farnésine, peinte
    d'après le carton de Raphaël.   95
L'assemblée des Dieux. Fresque de la Farnésine, peinte d'après le carton de
    Raphaël. . . , ...   97
Le Christ glorieux. Fragment du tableau de la Transfiguration, dernière œuvre de
    Raphaël. Pinacothèque du Vatican   98
Le palais Farnèse, bâti pour le pape Paul III   101

L'Ascension des élus. Fragment du Jugement dernier, de Michel-Ange dans la Chapelle Sixtine. 103

Le Christ du Jugement dernier, de Michel-Ange. Chapelle Sixtine 107

Palais du Sénateur, sur la place du Capitole. Architecture de Michel-Ange. . . . 109

Coupole de Saint-Pierre. Architecture de Michel-Ange. 111

Palais Massimo. Œuvre de Baldassare Peruzzi. 113

Palais Spada, élevé sur le modèle d'un édifice dessiné par Raphaël. 114

Villa Médicis, bâtie pour le cardinal de Montepulciano. 115

Église du Gesù, bâtie par Vignola. 119

Église San Luigi dei Francesi. Œuvre de Giacomo della Porta. 120

Palais du Quirinal 121

Palais du Latran. Œuvre de Domenico Fontana 123

Vénus et Anchise. Fresque d'Annibal Carrache, dans la grande galerie du Palais Farnèse. 128

Triomphe de Bacchus et d'Ariane. Fresque d'Annibal Carrache, dans la grande galerie du Palais Farnèse 129

L'Aurore précédant le Char du Soleil. Fresque de Guido Reni, dans le Casino du Palais Rospigliosi-Pallavicini. 130

Saint Jean l'évangéliste. Fresque du Dominiquin, dans l'église Sant' Andrea del Valle. 131

Intérieur de la basilique de Saint-Jean de Latran 133

Église de Sant'Agnese, sur la place Navone, et fontaine du Bernin. 137

Apothéose de saint Ignace de Loyola. Fresque du Père Pozzi, sur le plafond de l'église de Sant' Ignazio 139

Apollon et Daphné. Groupe du Bernin. Casino de la Villa Borghèse 141

Sainte Cécile, statue de Stafano Maderna. Église de Sainte-Cécile au *Trastevere* . 143

Sainte Thérèse, par le Bernin (Église de Santa Maria della Vittoria) 145

Intérieur de la Coupole de Saint-Pierre. 147

Mausolée du pape Urbain VIII, par le Bernin (Basilique de Saint-Pierre). 149

Monument du trône de saint Pierre, par le Bernin (Basilique de Saint-Pierre). . . 151

Fontaine de Trevi, par Nicola Salvi 152

Place d'Espagne et escalier monumental de la Trinité-des-Monts. 153

Saint Bruno. Statue colossale de Houdon (Église Santa Maria degli Angeli) . . . 155

Mausolée du pape Clément XIII, par Canova (Basilique de Saint-Pierre) 159

Monument funéraire des Stuarts, par Canova (Basilique de Saint-Pierre) 161

Le Pincio et la Piazza del Popolo 164

Sarcophage de Pie IX, dsns la Basilique de Saint-Laurent hors les Murs 165

Le départ de Régulus. Tableau de Cesare Maccari. (Palais du Sénat.) 167

Monument de Garibaldi, sur le Janicule. Œuvre du sculpteur Gallori. 169

Aigle antique, encastrée, au temps de Jules II, dans l'église des Santi Apostoli. . 172

La Place Saint-Pierre 175

Fig. 100. — La Place Saint-Pierre.

TABLE DES MATIÈRES

CHAPITRE PREMIER

Les grands projets de Jules II 1

CHAPITRE II

La voûte de la Chapelle Sixtine 13

CHAPITRE III

Les Chambres de Jules II 32

CHAPITRE IV

Le règne de Raphaël 63

CHAPITRE V

La vieillesse de Michel-Ange 100

CHAPITRE VI

La fin de la Renaissance 117

CHAPITRE VII

La Rome du Bernin 125

CHAPITRE VIII

Rome école et musée. 154

CHAPITRE IX

La capitale de la troisième Italie 164

Table des illustrations. 172

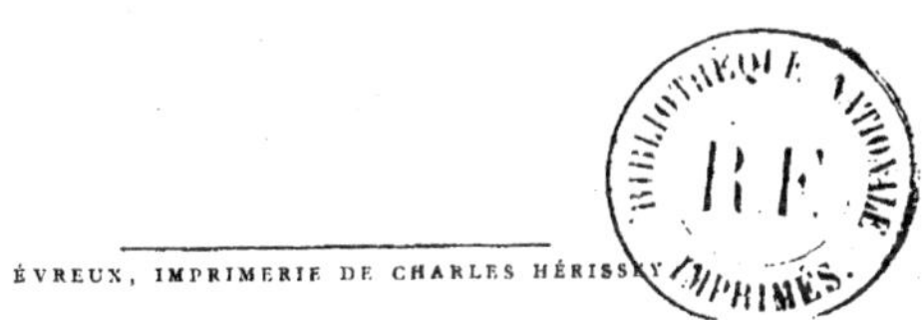

www.ingramcontent.com/pod-product-compliance
Ingram Content Group UK Ltd.
Pitfield, Milton Keynes, MK11 3LW, UK
UKHW022022170726
13837UKWH00001B/340